SUMÁRIO

1 INTRODUÇÃO

O tema a ser abordado no presente estudo é multidisciplinar, envolvendo mais de uma área de conhecimento. Dentro do universo jurídico, ele se relaciona sobretudo com o direito eleitoral, mas não deixa de passar por outros ramos, como o direito constitucional e a seara dos direitos fundamentais.

A proposta é, no segundo capítulo da pesquisa, iniciar com a análise da teoria das inelegibilidades, estudando, através de um apanhado geral, o instituto do excepcional óbice à capacidade eleitoral passiva, sua justificativa e suas nuances essenciais à compreensão do tema.

Para tanto, será abordado o conceito de inelegibilidade na visão de diversos autores para se concluir por uma significação adequada. Além disso, analisar-se-á a natureza jurídica da inelegibilidade para se definir se consiste em estado eleitoral ou condição jurídica negativa. Outro ponto a ser abordado na pesquisa será a classificação das inelegibilidades, distinguindo-as quanto à origem, quanto ao grau de mutabilidade, quanto à incidência de sua atuação e quanto à taxionomia.

Após, passar-se-á ao estudo da inelegibilidade por rejeição de contas, perpassando pela verificação da necessidade que alguns agentes têm de prestar de contas, pela competência para o julgamento destas contas e, ainda, pelos requisitos necessários à configuração desta causa de inelegibilidade.

Em seguida, já no terceiro capítulo, o trabalho se debruçará sobre a necessidade de limitação na atividade interpretativa dos conceitos jurídicos indeterminados, notadamente no direito eleitoral, o que demandará, primeiramente, a análise do que seriam os conceitos jurídicos indeterminados e sobre o tratamento hermenêutico que a eles deve ser conferido.

Ainda no capítulo três, serão abordados os princípios do direito eleitoral e a nocividade do casuísmo na aplicação prática deste ramo jurídico para, posteriormente, se propor a utilização dos mesmos princípios como norteadores e, ao mesmo tempo, limitadores da interpretação do direito eleitoral e do preenchimento do significado dos conceitos jurídicos indeterminados que são abundantes nesta seara.

Dando continuidade ao capítulo, ainda no que se refere à necessidade de interpretação mais técnica dos conceitos jurídicos indeterminados no direito eleitoral para evitar a discricionariedade judicial, estudar-se-á o princípio da fundamentação das decisões judiciais previsto expressamente no Novo Código de Processo Civil, que, ao determinar que as decisões sejam substancialmente fundamentadas, também corroboram com a exigência de os conceitos jurídicos indeterminados sejam interpretados com olhares voltados para o Direito e não só para os fatos.

Em seguida, no seu quarto capítulo, o trabalho se debruçará sobre o conceito jurídico indeterminado de irregularidade insanável que configure ato doloso de improbidade administrativa, que é um dos requisitos para configuração da inelegibilidade por rejeição de contas.

Assim, a expressão será desmembrada em duas partes, quais sejam "irregularidade insanável" e "ato doloso de improbidade administrativa", para melhor compreensão de seu significado.

Será analisada, também no quarto capítulo, a jurisprudência sobre o tema que é instável e vacilante, revelando verdadeira indefinição conceitual que é extremamente danosa, na medida em que provoca insegurança jurídica, para pretensos candidatos, para os aplicadores do direito e, em última análise, para a sociedade.

Ao final do capítulo, ocupa-se a presente pesquisa de propor um conceito para irregularidade insanável que configure ato doloso de improbidade administrativa para fins de aplicação de inelegibilidade por rejeição de contas.

Para tanto, serão concatenadas as visões da doutrina e da jurisprudência sobre o tema, sem olvidar da orientação interpretativa e dos limites na conceituação impostos pelos princípios aplicáveis à referida causa de inelegibilidade, notadamente o princípio da moralidade eleitoral, o princípio democrático e seu corolário, o sufrágio universal, enquanto garantia da capacidade eleitoral passiva.

O resultado, assim, será apresentação de um conceito original, mas preocupado com a técnica jurídica, já que compatível com o ordenamento e suas fronteiras, a fim de se conferir mais estabilidade e previsibilidade à matéria em prestígio à segurança jurídica que se espera da atividade judicante.

2 DA INELEGIBILIDADE POR REJEIÇÃO DE CONTAS

No sistema eleitoral brasileiro para que uma pessoa concorra a qualquer cargo eletivo, para além da necessidade de preenchimento das condições de elegibilidade, é preciso que sobre ela não recaia nenhuma das causas de inelegibilidade[1].

Por inelegibilidade, entende-se, na visão simplificada e elucidativa de Marcus Vinicius Furtado Coelho[2], que se trata do estado jurídico daquele que não pode ser votado, ou seja, daquele que não goza de elegibilidade.

---

[1] CÂNDIDO, Joel J. **Direito eleitoral brasileiro.** 16.ed. rev. atual. e ampl. São Paulo: Edipro, 2016. p. 64-66.

[2] COÊLHO, Marcus Vinicius Furtado. **Direito eleitoral e processo eleitoral:** direito penal eleitoral e direito político. 2.ed. rev. atual. e ampl. Rio de Janeiro: Renovar, 2010. p.165.

Dentre as causas de inelegibilidade, destaque-se para fins do presente estudo, aquela decorrente da rejeição de contas relativas ao exercício de cargos ou funções públicas, por irregularidade insanável que configure ato doloso de improbidade administrativa. A previsão desta causa de inelegibilidade se dá no artigo 1ª, I, "g", da Lei Complementar nº 64 de 1990, que considera inelegíveis:

---

[3] BRASIL. **Lei Complementar nº 64 de 18 de maio de 1990.** Estabelece, de acordo com o art. 14, § 9º da Constituição Federal, casos de inelegibilidade, prazos de cessação, e determina outras providências. Brasília, DF: 18 mai. 1990. Disponível em: <http://www.planalto.gov.br/ccivil_03/leis/lcp/lcp64.htm> Acesso em: 12 abr. 2017.

Os que tiverem suas contas relativas ao exercício de cargos ou funções públicas rejeitadas por irregularidade insanável que configure ato doloso de improbidade administrativa, e por decisão irrecorrível do órgão competente, salvo se esta houver sido suspensa ou anulada pelo Poder Judiciário, para as eleições que se realizarem nos 8 (oito) anos seguintes, contados a partir da data da decisão, aplicando-se o disposto no inciso II do art. 71 da Constituição Federal, a todos os ordenadores de despesa, sem exclusão de mandatários que houverem agido nessa condição[3].

Para compreender melhor, todavia, a referida hipótese de perda da capacidade eleitoral passiva, faz-se necessário o aprofundamento sobre a teoria geral das inelegibilidades para, em seguida, promover-se o estudo de suas peculiaridades e da forma como vem sendo tratada pelos tribunais brasileiros. É justamente para isto que serão dedicadas as linhas a seguir.

2.1 DA TEORIA DAS INELEGIBILIDADES

Como asseverado por Djalma Pinto[4], inelegibilidade remonta à "[...] ausência de aptidão para postular mandato eletivo". Sendo assim, é tema sensível no direito eleitoral, tendo em vista que a situação de quem é inelegível, malgrado não obste necessariamente a capacidade eleitoral ativa, consiste em barreira à capacidade eleitoral passiva, limitando, portanto, os direitos políticos duramente conquistados pela sociedade. Neste sentido, necessário se faz o aprofundamento quanto à teria das inelegibilidades, analisando-se o conceito de inelegibilidade, sua natureza jurídica e classificações.

2.1.1 Conceito de inelegibilidade

Para José Jairo Gomes[5], inelegibilidade é "[...] o impedimento ao exercício da cidadania passiva, de maneira que o cidadão fica impossibilitado de ser escolhido para ocupar cargo político-eletivo". Destrinchando seu conceito, o autor complementa:

---

[4] PINTO, Djalma. **Direito eleitoral:** improbidade administrativa e reponsabilidade fiscal. 5.ed. rev. e atual. São Paulo: Atlas, 2010. p.170.

[...] trata-se de fator negativo cuja presença obstrui ou subtrai a capacidade eleitoral passiva do nacional, tornando-o inapto para receber votos e, pois, exercer mandato representativo. Tal impedimento é provocado pela ocorrência de determinados fatos previsto na Constituição ou em lei complementar. Sua incidência embaraça a elegibilidade, esta entendida como o direito subjetivo público de disputar cargo eletivo.

Compartilhando desta visão, Velloso e Agra conceituam inelegibilidade de forma parecida, ao afirmarem que "inelegibilidade é a impossibilidade de o cidadão ser eleito para cargo público, em razão de não poder ser votado, impedindo-o de exercer seus direitos políticos de forma passiva"[6].

---

[5] GOMES, José Jairo. **Direito eleitoral.** 7.ed. rev. atual. e ampl. São Paulo: Atlas, 2011. p.147.

[6] AGRA, Walber de Moura; VELLOSO, Carlos Mário da Silva. **Elementos de direito eleitoral.** 5.ed. São Paulo: Saraiva, 2016. p.86.

Apresentando uma visão histórica do tema, por sua vez, Manoel Gonçalves Ferreira Filho[7] afirmar que a inelegibilidade surgiu no sistema jurídico brasileiro na Constituição de 1934 como uma medida com fito de defender o sistema democrático contra abusos não só possíveis, como prováveis. Na visão do autor, portanto, a inelegibilidade seria um instrumento criado sobretudo para impedir que titulares de cargos públicos os utilizassem para ser reconduzidos ou para eleger parentes.

Este conceito, apesar da importância histórica, não representa a realidade atual, já que as hipóteses de inelegibilidade não visam tão somente impedir o abuso no exercício de cargos públicos, mas também garantir a normalidade e a legitimidade das eleições, sobretudo contra a interferência exagerada e abusiva, tanto do poder econômico, quanto do poder político.

---

[7] FERREIRA FILHO, Manoel Gonçalves. **Curso de direito constitucional.** 31. ed. São Paulo: Saraiva, 2005, p.116.

Assim, analisando-se o cenário na atualidade, adota-se no presente estudo o conceito segundo o qual a inelegibilidade consiste no óbice ao exercício da cidadania passiva por determinada pessoa em razão de alguma condição pessoal ou de certas circunstâncias, por força de previsão na Constituição ou em lei complementar, negando-se a esta a possibilidade de ser representante do povo.

Enquanto a elegibilidade é a situação daquele que pode concorrer a um mandato político, a inelegibilidade é o impedimento de disputar as eleições, ou seja, de ser votado. Ao contrário do que possa parecer, a inelegibilidade não significa violação à democracia, na medida em que só se aplica em hipóteses previstas na Lei Fundamental ou em Lei Complementar por ordem daquela, cuja gravidade justifica tal medida, justamente para garantia da isonomia e da moralidade do pleito eleitoral, protegendo-se o regime democrático[8].

---

[8] KAHN, Andrea Patrícia Toledo Távora Niess; NIESS, Pedro Henrique Távora; SOUZA, Luciana Toledo Távora Niess de. **Direito eleitoral.** São Paulo: Edipro, 2016. p.151.

É preciso esclarecer que inelegibilidade não se confunde inalistabilidade, que consiste em obstáculo ao alistamento eleitoral. É dizer, a inalistabilidade impede que a pessoa se inscreva como eleitora, tolhendo-lhe a capacidade eleitoral ativa, enquanto a inelegibilidade, como demonstrado, retira do cidadão sua capacidade eleitoral passiva, impossibilitando-o de ser votado[9].

Por fim, mister também se faz distinguir inelegibilidade de causa de inelegibilidade. Enquanto inelegibilidade é a situação daquele que não pode concorrer a um mandato político, as causas inelegibilidade são as circunstâncias ou condições pessoais que colocam o cidadão nesta situação. A inelegibilidade é, portanto, a consequência de tais circunstâncias e condições pessoais, conhecidas como causas de inelegibilidade.

2.1.2 Natureza jurídica da inelegibilidade

---

[9] GOMES, José Jairo. **Direito eleitoral.** 7.ed. rev. atual. e ampl. São Paulo: Atlas, 2011. p.148.

Analisar a natureza jurídica de determinado instituto do direito significa perquirir sua localização no sistema jurídico. Sendo assim, indagar sobre a natureza jurídica da inelegibilidade é questionar a que categoria ou gênero do Direito ela pertence.

Segundo José Jairo Gomes[10],

> [...] tanto a elegibilidade quanto a inelegibilidade podem ser consideradas estados ou *status* eleitoral. De sorte que o cidadão poderá ostentar o *status* de elegível e inelegível, candidato, diplomado. Como visto, o *status* de inelegível impõe restrições à esfera jurídica da pessoa, a qual não pode ser eleita; já o *status* de elegível confere-lhe o direito subjetivo público de disputar o certame e participar do governo.

---

[10] GOMES, José Jairo. **Direito eleitoral.** 7.ed. rev. atual. e ampl. São Paulo: Atlas, 2011. p.148.

Para o autor, portanto, a inelegibilidade seria um estado do cidadão do ponto de vista eleitoral. Seria o *status* daquele que não pode concorrer no certame eleitoral, porque se enquadra em alguma das hipóteses constitucionais ou legais que versam sobre as causas de inelegibilidade.

Todavia, apesar do respeito que merecem os ensinamentos de Gomes, o presente estudo se filia ao posicionamento de Walber de Moura Agra e Carlos Mário da Silva Velloso[11], segundo os quais as condições de elegibilidade equivaleriam a condição jurídica positiva, enquanto as causas e inelegibilidade equivaleriam a condições jurídica negativa.

Ou seja, as condições de elegibilidade são aquelas que devem ser ostentadas pelos cidadãos para que possam participar do pleito, já as causas de inelegibilidade são aquelas que não devem os cidadãos incidir para que não se tornem inelegíveis.

---

[11] AGRA, Walber de Moura; VELLOSO, Carlos Mário da Silva. **Elementos de direito eleitoral.** 5.ed. São Paulo: Saraiva, 2016. p.86.

Neste sentido, defende-se nesta pesquisa que a natureza das inelegibilidades é de situação jurídica, na medida em que descrevem uma realidade fática em determinado momento. Toda situação jurídica pode ser aferida de acordo com o posicionamento do sujeito em relação ao objeto que se visa proteger, da norma que incide sobre a situação ou do interesse jurídico envolvido.

Assim, tem-se que as inelegibilidades, conforme ensinamentos de Agra e Velloso, "[...] exprimem o posicionamento dos cidadãos com relação a um interesse jurídico imprescindível para o desenvolvimento das democracias: a possibilidade de disputar mandatos populares"[12].

---

[12] AGRA, Walber de Moura; VELLOSO, Carlos Mário da Silva. **Elementos de direito eleitoral.** 5.ed. São Paulo: Saraiva, 2016. p.87.

A definição de inelegibilidade como situação jurídica traz algumas consequências importantes, como a constatação de que, como toda situação, as inelegibilidades são transitórias, não se podendo cogitar sua perenidade. Isto fica ainda mais claro nos casos em que estas têm caráter sancionatório, tendo em vista que são vedadas no ordenamento jurídico pátrio as penas perpétuas, por força de previsão expressa do artigo 5º, XLVII, "b", da Constituição da República[13].

Diante das considerações acima, conclui-se que a inelegibilidade é uma situação jurídica, naturalmente transitória, que descreve o posicionamento do cidadão ao interesse jurídico consistente no direito de exercer a cidadania passiva (disputar eleições e receber votos). Ou seja, analisando-se a situação jurídica em que se encontra o sujeito (se inelegível ou não), é possível aferir se ele pode ou não disputar mandatos populares.

2.1.3 Classificação das inelegibilidades

---

[13] BRASIL. **Constituição da República Federativa do Brasil**. Brasília, DF: 5 out. 1988. Disponível em: <http://www.planalto.gov.br/ccivil_03/constituicao/constituicaocompilado. htm>. Acesso em: 15 abr. 2017.

A doutrina classifica as inelegibilidades utilizando diversos critérios, de modo que não é possível promover o esgotamento do assunto no presente trabalho. Assim, será proposta uma classificação simplificada, adotando-se os critérios mais difundidos, que sejam importantes para compreensão do tema explorado.

As causas de inelegibilidade são previstas na Constituição da República de 1988 e nas Leis Complementares 64 de 1990 e 135 de 2010. Por esta razão, a primeira classificação das inelegibilidades é quanto à origem, distinguindo-se as inelegibilidades constitucionais da inelegibilidade infraconstitucionais[14].

Como consequência da origem distinta de tais inelegibilidades, elas se diferenciam pelo grau de mutabilidade. Isto porque as inelegibilidades constitucionais são marcadas pela imutabilidade relativa inerente às constituições rígidas[15], de modo que são mais dificilmente modificadas ou suprimidas do que as inelegibilidades infraconstitucionais[16].

---

[14] KAHN, Andrea Patrícia Toledo Távora Niess; NIESS, Pedro Henrique Távora; SOUZA, Luciana Toledo Távora Niess de. **Direito eleitoral.** São Paulo: Edipro, 2016. p.151.

[15] A Constituição da República Federativa do Brasil de 1988 é rígida o que significa, na definição de Inocêncio Mártires Coelho, que é daquelas constituições que, "[...] mesmo admitindo emendas, reformas ou revisões,

Outra classificação importante das inelegibilidades é quanto à incidência de sua atuação, diferenciando-as entre absolutas e relativas. Absoluta é a inelegibilidade que impede o exercício de qualquer cargo eletivo, pouco importando a circunscrição da eleição em questão. Por outro, relativa é a inelegibilidade que provoca impedimento para disputa eleitoral para alguns cargos ou é aquela que incide diante da presença de certas circunstâncias. Neste caso, o interessado tem a opção de disputar outros cargos ou, acaso exista possibilidade, afastar as circunstâncias que o impedem de concorrer no pleito eleitoral[17].

---

dificultam o processo tendente a modificá-las, que é distinto, por essa razão, do processo legislativo comum". Ou seja, a alteração de disposições constantes em constituições rígidas, exigem processo solene e especial, garantindo maior estabilidade do texto constitucional e, por conseguinte, sua supremacia (COELHO, Inocêncio Mártires. Ordenamento jurídico, constituição e norma fundamental. *In*: MENDES, Gilmar Ferreira; COELHO, Inocêncio Mártires; BRANCO, Paulo Gustavo Gonet. **Curso de direito constitucional**. 4. ed. rev. e atual. São Paulo: Saraiva, 2009. p.19).

[16] AGRA, Walber de Moura; VELLOSO, Carlos Mário da Silva. **Elementos de direito eleitoral**. 5.ed. São Paulo: Saraiva, 2016. p.88.

[17] GOMES, José Jairo. **Direito eleitoral**. 7.ed. rev. atual. e ampl. São Paulo: Atlas, 2011. p.151.

As inelegibilidades podem, ainda, ser classificadas em cominadas ou inatas, distinguindo-as em razão de sua taxionomia. Sobre esta classificação, Agra e Velloso[18] ensinam que "as primeiras têm seu conteúdo delineado em razão de uma sanção em virtude de descumprimento de mandamento legal, enquanto as segundas nascem de uma subsunção normativa, sem a exigência de um juízo de desvalor da conduta praticada".

Diante do exposto, a inelegibilidade proveniente da rejeição de contas, objeto deste estudo, pode ser classificada segundo os critérios acimas tratados, da seguinte forma: é infraconstitucional, com previsão no artigo 1º, I, "g", da Lei Complementar nº 64/1990; é absoluta, já que sua incidência impede a disputa por qualquer cargo eletivo em qualquer circunscrição; e é cominada, já que consiste em sanção em razão da prática de ato reputado ilícito, ainda que de natureza não eleitoral, porquanto a Lei lhe atribui efeitos eleitorais.

---

[18] AGRA, Walber de Moura; VELLOSO, Carlos Mário da Silva. **Elementos de direito eleitoral.** 5.ed. São Paulo: Saraiva, 2016. p.89.

2.2 DA REJEIÇÃO DE CONTAS QUE GERA INELEGIBILIDADE

A inelegibilidade decorrente da rejeição de contas é uma das hipóteses mais presentes na prática eleitoral, demonstrando-se a necessidade de seu estudo.

Trata-se de hipótese de inelegibilidade que tem como enfoque a vida pregressa do cidadão que é possível candidato, retirando das disputas eleitorais aqueles que já tiveram oportunidade de exercer cargos ou funções públicas, mas fizeram mau uso do dinheiro público e, como consequência, tiveram suas contas rejeitadas. É, portanto, instituto criado para salvaguarda da moralidade e probidade administrativas[19].

A previsão desta hipótese de inelegibilidade originalmente se deu no artigo 1º, I, "g", da Lei Complementar nº 64/1990 se dava com relação àqueles que tivessem

---

[19] CASTRO, Edson de Resende. **Teoria e prática do direito eleitoral.** 5.ed. rev. e atual. Belo Horizonte: Del Rey, 2010. p.174.

> [...] suas contas relativas ao exercício de cargos ou funções públicas rejeitadas por irregularidade insanável e por decisão irrecorrível do órgão competente, salvo se a questão houver sido ou estiver sendo submetida à apreciação do Poder Judiciário, para as eleições que se realizarem nos 5 (cinco) anos seguintes, contados a partir da data da decisão[20].

Portanto, para caracterização da inelegibilidade em questão, que se aplicava nos cinco anos seguintes à sua configuração, era necessário que houvesse a rejeição das contas do gestor público. Tal rejeição deveria ser por irregularidade insanável e através de decisão irrecorrível no órgão competente. Por fim, ao menos pela interpretação literal do dispositivo legal, para que a inelegibilidade incidisse, a rejeição das contas não poderia estar submetida ao crivo do Judiciário.

---

[20] BRASIL. **Lei Complementar nº 64 de 18 de maio de 1990.** Estabelece, de acordo com o art. 14, § 9º da Constituição Federal, casos de inelegibilidade, prazos de cessação, e determina outras providências. Brasília, DF: 18 mai. 1990. Disponível em: < http://www.planalto.gov.br/ccivil_03/leis/lcp/lcp64.htm> Acesso em: 12 abr. 2017.

Ocorre, todavia, que este último requisito para configuração da inelegibilidade por rejeição de contas foi objeto de variação em sua interpretação. Como afirma Marcus Vinicius Furtado Coêlho[21], o Tribunal Superior Eleitoral se posicionava no sentido de que bastava a propositura de ação para desconstituir a decisão de rejeição de contas que se considerava suspensa a inelegibilidade.

Posteriormente, o Tribunal, no julgamento do recurso ordinário nº 912/RR que se deu em 24 de agosto de 2006, reviu seu entendimento, considerando que, em razão do seu poder-dever constitucional de velar pela moralidade e probidade no exercício de funções públicas, não bastaria a mera propositura da demanda anulatória da decisão que rejeitasse as contas, sendo necessário o provimento liminar ou a antecipação de tutela para suspensão da inelegibilidade[22].

---

[21] COÊLHO, Marcus Vinicius Furtado. **Direito eleitoral e processo eleitoral:** direito penal eleitoral e direito político. 2.ed. rev. atual. e ampl. Rio de Janeiro: Renovar, 2010. p.171.

[22] BRASIL. Tribunal Superior Eleitoral. **Recurso ordinário nº 912/RR.** Relator: Min. Cesar Asfor Rocha. Brasília, DF: Julgado em 24 ago. 2006. Disponível em: <http://www.tse.jus.br/arquivos/tse-recurso-ordinario-no-912/view> Acesso em: 22 abr. 2017.

Com a edição da Lei da Ficha Limpa (Lei Complementar nº 135/2010), todavia, a redação do dispositivo legal que previa a inelegibilidade em comento foi modificada, resolvendo a instabilidade jurisprudencial quanto à necessidade ou não de decisão judicial de suspensão do ato de rejeição de contas para que fosse sobrestada também a inelegibilidade dela decorrente[23].

Isto porque, com a nova redação do artigo 1º, I, "g", da LC nº 64/1990, a inelegibilidade por rejeição de contas se aplicaria "[...] salvo se esta houver sido suspensa ou anulada pelo Poder Judiciário [...]"[24]. Ou seja, o legislador resolveu a controvérsia, exigindo para suspensão da inelegibilidade não a mera propositura de processo para questionar a decisão que rejeitou as contas, mas sim a suspensão ou anulação judicial de tal decisão.

---

[23] BRASIL. **Lei Complementar nº 135 de 04 de junho de 2010.** Altera a Lei Complementar nº 64, de 18 de maio de 1990, que estabelece, de acordo com o § 9º do art. 14 da Constituição Federal, casos de inelegibilidade, prazos de cessação e determina outras providências, para incluir hipóteses de inelegibilidade que visam a proteger a probidade administrativa e a moralidade no exercício do mandato. Brasília, DF: 04 jun. 2010. Disponível em: <http://www.planalto.gov.br/ccivil_03/leis/lcp/Lcp135.htm> Acesso em: 22 abr. 2017.

[24] BRASIL. **Lei Complementar nº 64 de 18 de maio de 1990.** Estabelece, de acordo com o art. 14, § 9º da Constituição Federal, casos de inelegibilidade, prazos de cessação, e determina outras providências. Brasília, DF: 18 mai. 1990. Disponível em: < http://www.planalto.gov.br/ccivil_03/leis/lcp/lcp64.htm> Acesso em: 12

Esta, contudo, não foi a única alteração da inelegibilidade por rejeição de contas. A redação do mencionado dispositivo legal passou a exigir que a rejeição de contas se desse não só em razão de irregularidade insanável como era previsto anteriormente, adicionando a este requisito a necessidade de que tal irregularidade insanável configurasse ato doloso de improbidade administrativa[25].

Por fim, alterou-se também o prazo de duração desta inelegibilidade, que era de cinco anos e passou a ser de oito anos a partir da decisão definitiva de rejeição de contas no âmbito administrativo.

2.2.1 Da prestação de contas relativas ao exercício de cargos e funções públicas

abr. 2017.

[25] KAHN, Andrea Patrícia Toledo Távora Niess; NIESS, Pedro Henrique Távora; SOUZA, Luciana Toledo Távora Niess de. **Direito eleitoral.** São Paulo: Edipro, 2016. p.181.

A necessidade de prestação de contas daqueles que exercem cargos e funções públicas é uma consequência natural do fenômeno que entrega a gestão de coisa alheia nas mãos de terceiro[26]. É dizer, o dever de prestar contas é inerente à própria responsabilidade de administrar recurso alheio, dependendo muito menos de imposição do legal do que da própria lógica, que certamente impõe o controle externo dos atos dos gestores públicos.

Ainda assim, a Constituição da República de 1988 prevê em seu artigo 75, parágrafo único que

> Prestará contas qualquer pessoa física ou jurídica, pública ou privada, que utilize, arrecade, guarde, gerencie ou administre dinheiros, bens e valores públicos ou pelos quais a União responda, ou que, em nome desta, assuma obrigações de natureza pecuniária[27].

---

[26] FURTADO, José de Ribamar Caldas. Os regimes de contas públicas: contas de governo e contas de gestão. **Revista do Tribunal de Contas da União**. Brasília: TCU, a.35, n.109, mai./ago. 2007. p.61. Disponível em: <http://portal.tcu.gov.br/publicacoes-institucionais/periodicos-e-series/revista-do-tcu/> Acesso em 02 mai. 2017.

[27] BRASIL. **Constituição da República Federativa do Brasil**. Brasília, DF: 5 out. 1988. Disponível em: <http://www.planalto.gov.br/ccivil_03/constituicao/constituicaocompilado.

Trata-se, pois, da previsão constitucional do princípio de prestação de contas que, apesar da referência apenas à administração de recursos da União, é extensível a todos os entes da Federação, impondo seu respeito também nas esferas dos Estados, Municípios e do Distrito Federal.

Vale ressaltar que a falta de prestação de contas, inclusive, pode ensejar diversas consequências contra aquele que deveria prestá-las, justamente em razão da importância do princípio constitucional em questão, que é corolário da moralidade pública, do princípio republicano, da limitação do poder dos gestores públicos, bem como da própria democracia, já que permite o controle social.

---

htm>. Acesso em: 15 abr. 2017.

Tais consequências, na lição de José de Ribamar Caldas Furtado[28], seriam a configuração de ato de improbidade administrativa a ensejar seus desdobramentos naturais artigos 11, VI e 12, III, da Lei nº 8.429 de 1992); a caracterização de crime comum com pena prevista de três meses a três anos (artigo 1º, VI, §§ 1º e 2º, do Decreto-Lei nº 201 de 1967); a incidência da inelegibilidade prevista no artigo 1º, I, "g", da Lei Complementar nº 64 de 1990; a instauração de tomadas de contas especial pelo órgão competente; e, ainda, a intervenção do Estado no Município, como prevê o artigo 35, II, da Lei Fundamental.

---

[28] FURTADO, José de Ribamar Caldas. Os regimes de contas públicas: contas de governo e contas de gestão. **Revista do Tribunal de Contas da União**. Brasília: TCU, a.35, n.109, mai./ago. 2007. p.67. Disponível em: <http://portal.tcu.gov.br/publicacoes-institucionais/periodicos-e-series/revista-do-tcu/> Acesso em 02 mai. 2017.

Apesar de, conforme se verificou em linhas anteriores, a obrigação de prestação de contas se aplicar a pessoas físicas e jurídicas, públicas e privadas a depender da relação que mantenham com bens e com dinheiro público, para fins do presente estudo se destaca a prestação de contas daqueles que exercem cargos e funções públicas, na medida em que é nesta hipótese que é possível a configuração da inelegibilidade prevista na alínea "g", do inciso I, do artigo 1º, da Lei Complementar nº 64 de 1990.

Quer isto dizer que, seguindo os ensinamentos de Alessi e Arraes, a inelegibilidade por rejeição de contas atinge apenas os sujeitos que "[...] sejam responsáveis pela aplicação e gerenciamento dos recursos públicos, também conhecidos como ordenadores de despesas, desde que no exercício de cargos ou funções públicas"[29].

---

[29] ALESSI, Dylliardi; ARRAES, Roosevelt. Inelegibilidade por rejeição de contas. **Revista Percurso**. Curitiba: UNICURITIBA, v.13, n.1, jan./dez. 2013, p.68. Disponível em: <http://revista.unicuritiba.edu.br/index.php/percurso/issue/view/63> Acesso em: 02 mai. 2017.

É este, também, o entendimento do Tribunal Superior Eleitoral que, no julgamento do agravo regimental em recurso especial eleitoral nº 23760/RN, descartou a configuração da inelegibilidade de um candidato a prefeito que teve suas contas rejeitadas relativas a verbas públicas recebidas por pessoa jurídica de direito privado da qual era administrador[30].

O voto da Ministra Nacy Andrighi, acompanhado à unanimidade, considerou que a inelegibilidade em comente somente se aplica à rejeição de contas prestadas por exercentes de cargos e funções públicas por expressa previsão legal, não podendo ser interpretada extensivamente a ponto de alcançar gestores de entidades privadas. Além de tal extensão não ter respaldo em Lei, seria contrária à própria regra básica de hermenêutica jurídica, segundo a qual normas restritivas de direitos devem ser interpretadas restritivamente.

---

[30] BRASIL. Tribunal Superior Eleitoral. **Agravo regimental em recurso especial eleitoral nº 23760/RN.** Relator: Min. Nacy Andrighi. Brasília, DF: Julgado em 18 dez. 2012. Disponível em: <http://www.tse.jus.br/jurisprudencia/pesquisa-de-jurisprudencia/jurisprudencia> Acesso em: 02 mai. 2017.

Sendo, pois, aplicável a inelegibilidade por rejeição de contas, somente na àqueles ordenadores de despesas, no exercício de cargos e funções públicas, é importante esclarecer o conceito de ordenador de despesa. Segundo o artigo 80, § 1º, do Decreto-Lei nº 200 de 1967, é toda e qualquer autoridade promovam a emissão de empenho, autorização de pagamento, suprimento ou dispêndio de recursos públicos[31].

Trata-se, portanto, na lição de Hélio Saul Mileski, do responsável mor, titular da competência e dos poderes para determinar, para ordenar a realização da despesa, não se confundindo com algum agente subordinado, com o servidor que realiza o pagamento ou a liquidação da despesa, tampouco com o mero assinador do empenho[32].

Ainda sobre o tema, Mileski ainda faz a distinção entre ordenadores de despesa originários e derivados. Sobre os primeiros, afirma o autor:

---

[31] BRASIL. **Decreto-Lei nº 200 de 25 de fevereiro de 1967.** Dispõe sôbre a organização da Administração Federal, estabelece diretrizes para a Reforma Administrativa e dá outras providências. Brasília, DF: 25 fev. 1967. Disponível em: <http://www.planalto.gov.br/ccivil_03/decreto-lei/Del0200.htm> Acesso em: 02 mai. 2017.

[32] MILEKI, Hélio Saul. **Controle da gestão pública.** São Paulo: Editora Revista dos Tribunais, 2003. p.121.

Ostentam a condição de Ordenadores de Despesa originários os Presidentes dos Poderes Legislativo e Originários; os Ministros e Secretários de Estado, assim como os dirigentes de autarquias, fundações, sociedades de economia mista e empresas públicas, por possuírem competências e atribuições definidas em lei, regulamentos ou estatutos societários, para administrarem estas organizações estatais, aplicando os recursos financeiros postos a sua disposição[33].

Por via de consequência, os ordenadores de despesa derivados seriam aqueles que agem sob delegação de um ordenador originado ou que exorbita de ordens a eles direcionadas, recaindo a responsabilidade decorrente de tal circunstância.

---

[33] MILEKI, Hélio Saul. **Controle da gestão pública.** São Paulo: Editora Revista dos Tribunais, 2003. p.122-123.

Sendo assim, afirma-se que, além dos chefes do Poder Executivo, devem prestar contas os ordenadores de despesa ocupantes de cargos ou funções públicas acima descritos e, em caso de rejeição, configura-se a inelegibilidade prevista no artigo 1º, I, "g", da Lei Complementar nº 64 de 1990, hipótese que é objeto da presente pesquisa. Os demais sujeitos, muito embora também possam estar sujeitos à obrigação de prestação de contas, não podem ser atingidos pela referida inelegibilidade, por ausência de previsão legal neste sentido.

No que tange ao julgamento das contas propriamente dito, que pode ser promovido por tribunal de contas ou por casa legislativa, conforme se verá no tópico a seguir, existem três consequências, quais sejam o julgamento das contas como regulares; regulares com ressalva, hipótese em que se determina a adoção de medidas corretivas à falhas encontradas para prevenir a reiteração; e, por fim, irregulares, caso em que é possível a aplicação de multa ao responsável, assim como obrigação de ressarcimento ao erário de eventual prejuízo[34].

---

[34] GOMES, José Jairo. **Direito eleitoral.** 7.ed. rev. atual. e ampl. São Paulo: Atlas, 2011. p.181.

Se as contas julgadas irregulares forem aquelas prestadas por exercentes de cargos ou funções públicas, preenchidos os demais requisitos legais que serão analisado oportunamente no presente estudo, têm-se como consequência do julgamento, ainda, a inelegibilidade por rejeição de contas a impedir temporariamente o exercício da cidadania passiva.

2.2.2 Competência para julgamento das contas

Os tribunais de contas são órgãos de auxílio das casas legislativas, colaborando sobretudo no exercício do controle externo[35] e, cabe a eles julgar contas dos gestores públicos e daqueles que, de modo geral, lidam com o dinheiro público. No caso de Tribunal de Contas da União, a Constituição da República prevê em seu artigo 71, II que compete a esta corte

---

[35] A definição de controle externo é sugerida por Fernanda Marinela da seguinte maneira: "O controle externo é o que se realiza por órgão estranho à Administração responsável pelo ato controlado, criado por Lei ou pela Constituição Federal e destinado a tal tarefa" (MARINELA, Fernanda. **Direito administrativo.** 7.ed. rev. ampl. ref. e atual. Niterói: Impetus. 2013, p.1.017).

julgar as contas dos administradores e demais responsáveis por dinheiros, bens e valores públicos da administração direta e indireta, incluídas as fundações e sociedades instituídas e mantidas pelo Poder Público federal, e as contas daqueles que derem causa a perda, extravio ou outra irregularidade de que resulte prejuízo ao erário público[36].

Já com relação às contas do Presidente da República, o julgamento compete ao Congresso Nacional, após parecer prévio do Tribunal de Contas da União, conforme se depreender dos artigos 49, IX e 71, I, do texto constitucional. Isto quer dizer que, a Corte de Contas da União julga as contas de determinados agentes, mas no caso do Presidente da República o TCU não faz o julgamento, mas sim um parecer prévio, que é submetido ao Congresso Nacional para auxiliá-lo no julgamento efetivo das contas, cuja competência lhe é atribuída.

---

[36] BRASIL. **Constituição da República Federativa do Brasil**. Brasília, DF: 5 out. 1988. Disponível em: <http://www.planalto.gov.br/ccivil_03/constituicao/constituicao.htm>. Acesso em: 22 abr. 2017.

No que tange aos municípios, tem-se que o controle externo das Câmaras Municipais é exercido com auxílio dos Conselhos ou Tribunais de Contas dos Estados ou dos Conselhos ou Tribunais de Contas dos Municípios, onde houver. Nesse caso, com relação aos Prefeitos, aplica-se regra similar ao que ocorre com o Presidente da República, de modo que suas contas são aprecias pelo respectivo Tribunal de Contas, que emite parecer prévio a ser submetido à Casa Legislativa Municipal, deixando de prevalecer tal parecer se assim decidir dois terços de seus membros[37].

Ainda sobre o julgamento de contas dos Prefeitos, importante destacar os ensinamentos de Kahn, Niess e Souza[38], que afirmam que, em razão da necessidade de submissão às Câmaras Municipais, o parecer prévio das Cortes de Contas ainda que seja no sentido da rejeição de contas, "[...] não representa recusa definitiva das contas às quais se refere.

---

[37] Tais considerações se baseiam na redação do artigo 31, §§ 1º e 2º, da Constituição da República (BRASIL. **Constituição da República Federativa do Brasil**. Brasília, DF: 5 out. 1988. Disponível em: <http://www.planalto.gov.br/ccivil_03/constituicao/constituicao.htm>. Acesso em: 22 abr. 2017).

[38] KAHN, Andrea Patrícia Toledo Távora Niess; NIESS, Pedro Henrique Távora; SOUZA, Luciana Toledo Távora Niess de. **Direito eleitoral.** São Paulo: Edipro, 2016. p.182.

O Supremo Tribunal Federal, inclusive, corroborou com este entendimento ao promover o julgamento conjunto dos recursos extraordinários 848826[39] e 729744[40] em 10 de agosto de 2016. Em tal oportunidade, o Pretório Excelsior, definiu as Câmeras Municipais como órgãos competentes para julgamento das contas de Prefeitos e descartou que a desaprovação de contas pelos Tribunais de Contas gerasse inelegibilidade em caso de omissão das Casas Legislativas Municipais.

---

[39] BRASIL. Supremo Tribunal Federal. **Recurso extraordinário nº 848826.** Relator: Min. Roberto Barroso. Brasília, DF: Julgado em 10 ago. 2016. Disponível em: <http://www.stf.jus.br/portal/processo/verProcessoAndamento.asp?inciden te=4662945> Acesso em: 22 abr. 2017.

[40] BRASIL. Supremo Tribunal Federal. **Recurso extraordinário nº 729744.** Relator: Min. Gilmar Mendes. Brasília, DF: Julgado em 10 ago. 2016. Disponível em: <http://www.stf.jus.br/portal/processo/verProcessoAndamento.asp?inciden te=4352126> Acesso em: 22 abr. 2017.

Em tal julgamento, o STF resolveu o debate que havia na doutrina e na jurisprudência sobre a competência para julgamento das contas de gestão dos Prefeitos Municipais, porque neste caso a prestação de contas é por atos do chefe do Poder Executivo municipal enquanto ordenador de despesa e, segundo a parte final da alínea "g", do inciso I, do artigo 1º, da Lei Complementar nº 64 de 1990, aplica-se "[...] o disposto no inciso II do art. 71 da Constituição Federal, a todos os ordenadores de despesa, sem exclusão de mandatários que houverem agido nessa condição"[41].

---

[41] BRASIL. **Lei Complementar nº 64 de 18 de maio de 1990.** Estabelece, de acordo com o art. 14, § 9º da Constituição Federal, casos de inelegibilidade, prazos de cessação, e determina outras providências. Brasília, DF: 18 mai. 1990. Disponível em: < http://www.planalto.gov.br/ccivil_03/leis/lcp/lcp64.htm> Acesso em: 12 abr. 2017.

O artigo 71, II, da Constituição Federal, por sua vez, que, no âmbito da União, confere ao TCU a competência para julgar as contas dos ordenadores de despesa, levando parcela da doutrina e de magistrados a entender que isto também se aplicaria aos Prefeitos[42]. Ocorre que a Suprema Corte definiu que tanto para contas de governo, quanto para constas de gestão, o julgamento compete à Câmara Municipal, devendo prevalecer a previsão do artigo 31 da Carta Magna, já que é norma específica aplicável aos Municípios.

No que se refere às contas estaduais, o artigo 75 da Lei Fundamental determina a aplicação, no que couber, das normas da mesma seção. É dizer, aplica-se aos Estados a disciplina da fiscalização contábil, financeira e orçamentária da União, no que for compatível, inclusive no que tange à apreciação das contas estaduais[43]. Aplica-se, portanto, o princípio da simetria federativa, conforme ensinamentos de Leonardo dos Santos Macieira, que afirma:

---

[42] ALESSI, Dylliardi; ARRAES, Roosevelt. Inelegibilidade por rejeição de contas. **Revista Percurso**. Curitiba: UNICURITIBA, v.13, n.1, jan./dez. 2013, p.72. Disponível em: <http://revista.unicuritiba.edu.br/index.php/percurso/issue/view/63> Acesso em: 02 mai. 2017.

[43] O *caput* do artigo 75 da Constituição da República prevê que "as normas

Por força de disposição constitucional e observando o princípio da simetria, os Estados são obrigados a organizar seus Tribunais segundo o modelo federal, ou seja, os Tribunais estaduais devem seguir o modelo de organização, composição e de fiscalização do Tribunal de Contas da União (TCU) detalhados na Constituição Federal de 1988, havendo, inclusive, julgados do STF nesse sentido[44].

---

estabelecidas nesta seção aplicam-se, no que couber, à organização, composição e fiscalização dos Tribunais de Contas dos Estados e do Distrito Federal, bem como dos Tribunais e Conselhos de Contas dos Municípios", enquanto o parágrafo único do mesmo artigo determina que "as Constituições estaduais disporão sobre os Tribunais de Contas respectivos, que serão integrados por sete Conselheiros" (BRASIL. **Constituição da República Federativa do Brasil**. Brasília, DF: 5 out. 1988. Disponível em: <http://www.planalto.gov.br/ccivil_03/constituicao/constituicao.htm>. Acesso em: 22 abr. 2017).

[44] MACIEIRA, Leonardo dos Santos. Auditor Constitucional dos Tribunais de Contas: natureza e atribuições. **Revista do Tribunal de Contas da União**. Brasília: TCU, a.41, n.116, set./dez. 2009. p.51. Disponível em: <http://portal.tcu.gov.br/publicacoes-institucionais/periodicos-e-series/revista-do-tcu/> Acesso em 22 abr. 2017.

Sendo assim, aos Tribunais de Contas dos Estados compete o julgamento das contas dos administradores públicos estaduais em geral, de modo que eventual rejeição enseja a inelegibilidade ora estudada. Todavia, isto somente não se aplica aos Governadores dos Estados que, à semelhança do que ocorre com Prefeitos e com o Presidente da República, devem ter os julgamentos de suas contas realizados pelas respectivas Assembleias Legislativas ou Câmara Legislativa, no caso do Distrito Federal, contando com o auxílio das Cortes de Contas a elas vinculadas[45].

Conclui-se, portanto, que "decisão irrecorrível do órgão competente" de rejeição de contas, exigida no artigo 1º, I, "g" da Lei nº 64/1990, para configuração da inelegibilidade em comento, deve ser proferida pela respectiva Casa Legislativa, após emissão de parecer pelo Tribunal de Contas, no caso de chefes do Poder Executivo. No caso dos demais gestores, no entanto, a deliberação da Corte de Contas já funcionada como decisão, de modo que o trânsito em julgado da desaprovação das contas por si só já provoca a inelegibilidade.

---

[45] RAMAYANA, Marcos. **Direito eleitoral.** 12.ed. rev. ampl. e atual. Niterói: Impetus, 2011. p.354.

2.2.3 Requisitos para configuração da inelegibilidade por rejeição de contas

Com a edição da Lei da Ficha Limpa (Lei Complementar nº 135 de 2010), conforme já mencionado, foram promovidas algumas alterações na inelegibilidade por rejeição de contas. Sendo assim, as próximas linhas deste trabalho serão dedicadas à análise dos atuais requisitos para sua configuração.

O primeiro requisito é o exercício de cargo ou função pública sujeito à prestação de contas, já que não haveria se falar em rejeição de contas de um sujeito que sequer prestou ou ao menos deveria prestar contas à órgão de controle externo[46]. No que tange a tal requisito, Carlos Mário da Silva Velloso e Walber de Moura Agra, acrescenta que o gestor deve, ainda, ter agido enquanto ordenador de despesa para caracterização dessa inelegibilidade[47].

---

[46] KAHN, Andrea Patrícia Toledo Távora Niess; NIESS, Pedro Henrique Távora; SOUZA, Luciana Toledo Távora Niess de. **Direito eleitoral.** São Paulo: Edipro, 2016. p.181.

[47] AGRA, Walber de Moura; VELLOSO, Carlos Mário da Silva. **Elementos de direito eleitoral.** 5.ed. São Paulo: Saraiva, 2016. p.111.

Já o segundo requisito consiste na necessidade de que a rejeição de contas tenha ocorrido por irregularidade insanável que configure ato doloso de improbidade administrativa. Isto quer dizer, nas palavras de Kahn, Niess e Souza[48], que "as contas devem ter sido recusadas não por defeito técnico, mas por irregularidade não passível de ser sanada, que configure ato doloso de improbidade administrativa". A exigência do dolo afasta a possibilidade de configuração da inelegibilidade com a ocorrência da improbidade culposa, prevista no *caput* do artigo 10 da Lei de Improbidade (Lei nº 8.429 de 1992)[49].

---

[48] KAHN, Andrea Patrícia Toledo Távora Niess; NIESS, Pedro Henrique Távora; SOUZA, Luciana Toledo Távora Niess de. **Direito eleitoral.** São Paulo: Edipro, 2016. p.181.

[49] "Art. 10. Constitui ato de improbidade administrativa que causa lesão ao erário qualquer ação ou omissão, dolosa ou culposa, que enseje perda patrimonial, desvio, apropriação, malbaratamento ou dilapidação dos bens ou haveres das entidades referidas no art. 1º desta lei, e notadamente" (BRASIL. **Lei nº 8.429 de 02 de junho de 1992.** Dispõe sobre as sanções aplicáveis aos agentes públicos nos casos de enriquecimento ilícito no exercício de mandato, cargo, emprego ou função na administração pública direta, indireta ou fundacional e dá outras providências. Brasília, DF: 02 jun. 1992. Disponível em: <http://www.planalto.gov.br/ccivil_03/leis/L8429.htm> Acesso em: 05 mai. 2017).

Como terceiro requisito, destaca-se a necessidade de que tais contas tenham sido rejeitadas pelo órgão competente, por decisão definitiva, ao menos no âmbito administrativo, uma vez que sempre será possível discutir tal rejeição na esfera judicial. É preciso, pois, que tenha ocorrido a coisa julgada administrativa, que, na definição de Maria Sylvia Zanella Di Pietro[50] equivale à imutabilidade da decisão na esfera administrativa, de modo que não cabem mais recursos, nem pode a Administração reformar tal decisão.

Como visto anteriormente, tal decisão de rejeição deve ser proferida pela corte de contas ou, no caso dos chefes do Poder Executivo, pela respectiva casa legislativa competente para apreciar suas contas, depois da emissão de parecer do tribunal de contas a ela vinculado, que figura neste caso como órgão de auxílio.

---

[50] DI PIETRO, Maria Sylvia Zanella. Limites da utilização de princípios do processo judicial no processo administrativo. **Revista do Tribunal de Contas do Estado do Rio de Janeiro.** Rio de Janeiro: TCE/RJ, v.2, n.6, jul./dez. 2013. p.19. Disponível em: <http://www.tce.rj.gov.br/web/guest/publicacoes/-/consulta_publicacoes/consultar;jsessionid=BE92A9FD83E0334641EDB594D8111D69.tcerj91?cur=2> Acesso em: 24 abr. 2017.

Ainda como requisito para caracterização da inelegibilidade por rejeição de contas, é preciso que não haja a suspensão ou anulação da decisão de recusa por força de decisão judicial[51].

Isto porque a decisão de rejeição de contas, como afirmado, deve ter transitado em julgado administrativamente para configuração da inelegibilidade, o que não obsta a possibilidade de discussão no âmbito judicial. A coisa julgada administrativa só existe, portanto, no sentido formal, já que se esgotam os recursos administrativos, mas não no sentido material, porque, na lição de Di Pietro, "[...] é sempre passível de alteração pelo Poder Judiciário"[52], de modo que não se torna definitiva para as partes.

---

[51] AGRA, Walber de Moura; VELLOSO, Carlos Mário da Silva. **Elementos de direito eleitoral.** 5.ed. São Paulo: Saraiva, 2016. p.111.

[52] DI PIETRO, Maria Sylvia Zanella. Limites da utilização de princípios do processo judicial no processo administrativo. **Revista do Tribunal de Contas do Estado do Rio de Janeiro.** Rio de Janeiro: TCE/RJ, v.2, n.6, jul./dez. 2013. p.19. Disponível em: <http://www.tce.rj.gov.br/web/guest/publicacoes/-/consulta_publicacoes/consultar;jsessionid=BE92A9FD83E0334641EDB594D8111D69.tcerj91?cur=2> Acesso em: 24 abr. 2017.

A previsão deste requisito negativo, em verdade, ocorreu apenas para estabilizar a jurisprudência, que, interpretando a redação original da alínea "g", do inciso I, do artigo 1º da Lei de Inelegibilidade, ora decidia como necessária a mera propositura da ação, ora decidia como necessário o provimento judicial anulatório ou suspensivo da decisão para que deixasse de incidir a inelegibilidade. O requisito, todavia, é desnecessário, na medida em que, no ordenamento jurídico brasileiro, a última palavra é sempre do Judiciário[53], que impõe coercitivamente suas decisões[54].

---

[53] No Brasil é adotado o sistema de jurisdição una, insipirado no Direito inglês, e não o sistema francês do contencioso administrativo, de modo que os atos administrativos sempre podem ser revistos na esfera judiciária através de decisão que tem aptidão a se tornar efetivamente definitiva (CARVALHO NETO, Tarcisio Vieira de. Controle jurisdicional da administração pública: algumas ideias. **Revista de Informação Legislativa**. Brasília: Senado Federal, a.50, n.199, jul./set. 2013. p.132-133 Disponível em: <http://www2.senado.leg.br/bdsf/item/id/502968> Acesso em: 24 abr. 2017).

[54] KAHN, Andrea Patrícia Toledo Távora Niess; NIESS, Pedro Henrique Távora; SOUZA, Luciana Toledo Távora Niess de. **Direito eleitoral.** São Paulo: Edipro, 2016. p.182.

Por fim, importante frisar que a suspensão ou a anulação judicial da decisão de rejeição de contas deve ocorrer até o pleito eleitoral no qual se visa concorrer, em atenção ao quanto disposto no artigo 11, § 10, da Lei das Eleições (Lei nº 9.504 de 1997)[55], que foi incluído pela Lei nº 12.034 de 2009. É este o entendimento atual do Tribunal Superior Eleitoral que, no julgamento do agravo regimental na ação rescisória nº 87692 decidiu que "[...] a data das eleições é o termo final para obtenção de decisões favoráveis que se refiram ao registro de candidatura"[56].

---

[55] O artigo 11, § 10, da Lei nº 9.504 de 1997 tem a seguinte redação: "As condições de elegibilidade e as causas de inelegibilidade devem ser aferidas no momento da formalização do pedido de registro da candidatura, ressalvadas as alterações, fáticas ou jurídicas, supervenientes ao registro que afastem a inelegibilidade" (BRASIL. **Lei nº 9.504 de 30 de setembro de 1997.** Estabelece normas para as eleições. Brasília, DF: 30 set. 1997. Disponível em: <http://www.planalto.gov.br/ccivil_03/leis/L9504.htm> Acesso em: 24 abr. 2017).

[56] BRASIL. Tribunal Superior Eleitoral. **Agravo regimental na ação rescisória nº 87692.** Relator: Min. João Otavio de Noronha. Brasília, DF: Julgado em 24 jun. 2014. Disponível em: <http://www.tse.jus.br/jurisprudencia/pesquisa-de-jurisprudencia/jurisprudencia> Acesso em: 24 abr. 2017.

Assim, tem-se que a propositura da ação declaratória ou anulatória do ato administrativo que rejeita as contas, que deve se dar perante a Justiça comum, seja Estadual, seja Federal, pode ocorrer após o pedido de registro e até depois da propositura de ação de impugnação, desde que a decisão suspensiva ou anulatória seja proferida antes da data das eleições.

3 LIMITES DA INTERPRETAÇÃO DOS CONCEITOS JURÍDICOS INDETERMINADOS NO DIREITO ELEITORAL E A NECESSIDADE DE FUNDAMENTAÇÃO DAS DECIÇÕES JUDICIAIS PREVISTA NO NOVO CÓDIGO DE PROCESSO CIVIL

O direito eleitoral é permeado de diversos conceitos jurídicos indeterminados, como é o caso, na lição de José Edvaldo Pereira Sales[57], dos conceitos de elegibilidade e inelegibilidade, quitação eleitoral, potencialidade e proporcionalidade/razoabilidade. Sobre tais conceitos, percebe-se na prática do direito eleitoral a variação em sua intepretação de acordo com as circunstâncias, tipo das eleições e sujeitos envolvidos, gerando insegurança jurídica no sistema.

---

[57] SALES, José Edvaldo Pereira. Conceito jurídicos indeterminados no Direito Eleitoral: em busca de referenciais (compromissos) hermenêuticos. **Revista Brasileira de Direito Eleitoral – RBDE.** Belo Horizonte: Editora Forum, a.4, n.6, jan./jun. 2012, p.96-102.

É neste contexto que se deve direcionar a atenção ao núcleo fundamental do ordenamento jurídico, os princípios enquanto normas jurídicas que representam a interseção entre a ética e o direito, consistindo em alicerces para o desenvolvimento da ciência jurídica[58]. São estes os verdadeiro limites ao ativismo judicial, que não pode de se desenvolver a ponto de usurpar a competência do legislador.

Destaque-se, ainda, a necessidade de utilização de técnicas que possam proporcionar a fundamentação satisfatória das decisões judiciais eleitorais, respeitando os ditames do Código de Processo Civil de 2015, que reafirma preceito constitucional[59]. Somente utilizando corretamente as técnicas de interpretação e respeitando os princípios do direito eleitoral é que se pode considerar fundamentada uma decisão judicial, o que justifica a importância da abordagem do presente capítulo.

---

[58] SALES, José Edvaldo Pereira. Conceito jurídicos indeterminados no Direito Eleitoral: em busca de referenciais (compromissos) hermenêuticos. **Revista Brasileira de Direito Eleitoral – RBDE.** Belo Horizonte: Editora Forum, a.4, n.6, jan./jun. 2012, p.95.

[59] Cláudio Pereira de Souza Neto ensina que "a necessidade de fundamentação das decisões judiciais reafirma uma exigência da própria Constituição (art. 93, IX), que, mesmo que nada dissesse em seu texto, asseguraria tal dever como um direito fundamental do jurisdicionado, como garantia do devido processo legal e expressão do Estado democrático de direito" (SOUZA NETO, Claudio Pereira de. O novo CPC e a

3.1 CONCEITOS JURÍDICOS INDETERMINADOS

Antes do estudo dos conceitos jurídicos indeterminados, faz-se necessário esclarecer o que seriam os próprios conceitos jurídicos. Sobre o tema, Ricardo Mauricio Freire Soares ensinar que são "[...] ideias gerais, dotadas de pretensão universal, geralmente sintetizadas pelo doutrinador e passíveis de aplicação nos mais diversos ramos do conhecimento jurídico"[60].

---

fundamentação das decisões judicias. *In*: COÊLHO, Marcus Vinicius Furtado; FERREIRA, Antonio Oneildo; LAMACHIA, Claudio Pacheco Prates; RIBEIRO, Cláudio Stábile; SOUZA NETO, Cláudio Pereira de (Orgs.). **As conquistas da advocacia no novo CPC.** Brasília: Conselho Federal da OAB, 2015. p.66).

[60] SOARES, Ricardo Mauricio Freire. **Hermenêutica e interpretação jurídica.** São Paulo: Saraiva, 2010. p.111.

Os conceitos jurídicos indeterminados, por sua vez, não possuem um único sentido universalizável, tendo em vista a possibilidade de variadas formas com as quais podem ser interpretados. Sendo assim, surge a necessidade de utilização de técnicas hermenêuticas para sua aplicação, evitando, assim, a instabilidade e a insegurança jurídica que decorrem da oscilação em sua interpretação.

3.1.1 Definição de conceito jurídico indeterminado

A ideia de conceito jurídico indeterminado é constante na doutrina administrativista, na medida em que a previsão legal de tais conceitos, seria o campo da discricionariedade do administrador público, conforme ensina Celso Antônio Bandeira de Mello[61]. Seriam, segundo o autor, "[...] conceitos padecentes de certa imprecisão, de alguma fluidez, e que, por isso mesmo, se caracterizam como plurissignificativos"[62], possibilitando ao gestor a escolha da melhor interpretação para o caso concreto, viabilizando a atividade administrativa.

---

[61] MELLO, Celso Antônio Bandeira de. **Curso de direito administrativo**.

No mesmo sentido, Alexandre Santos de Aragão, afirma o que segue:

> Percebe-se a discricionariedade quando a lei se utiliza de conceitos jurídicos indeterminados para outorgar competência ao administrador público. Dentre as possíveis formas de se preencher aquele conteúdo legal de baixa densidade normativa, o administrador o densificaria num exercício de discricionariedade, por intermédio de um juízo de conveniência e oportunidade[63].

30.ed. rev. e atual. São Paulo: Malheiros Editores, 2013. p.982-983.

[62] MELLO, Celso Antônio Bandeira de. **Curso de direito administrativo**. 30.ed. rev. e atual. São Paulo: Malheiros Editores, 2013. p.983.

[63] ARAGÃO, Alexandre Santos de. **Curso de direito administrativo.** 2.ed. rev. atual. e ampl. Rio de Janeiro: Forense, 2013. p.162-163.

Há, todavia, parcela da doutrina que discorda tanto da existência de conceitos jurídicos indeterminados. Eros Roberto Grau, por exemplo, rechaça a existência de conceitos jurídicos indeterminados, sob a justificativa de que a indeterminação não seria dos conceitos, que corresponderiam a ideias universais, mas sim das expressões que, estas sim, admitiriam diferentes formas de interpretação[64].

Apesar da opinião do autor, que certamente merece respeito, utilizar-se-á no presente estudo o termo conceito jurídico indeterminado, tendo em vista que já se tornou corrente no direito brasileiro, sendo amplamente difundido pela doutrina e pela jurisprudência. Tais conceitos, sintetizando os ensinamentos de Ricardo Maurício Freire Soares[65], podem ser percebidos em vários ramos do direito e são traduzidos por vocábulos vagos, imprecisos e genéricos, entregando ao intérprete a missão de preencher seu conteúdo, extraindo da norma o seu significado real para o caso concreto.

---

[64] GRAU, Eros Roberto. **Ensaio e discurso sobre a interpretação/aplicação do direito.** 4.ed. São Paulo: Malheiros Editores, 2006. p.238.

[65] SOARES, Ricardo Mauricio Freire. **Hermenêutica e interpretação jurídica.** São Paulo: Saraiva, 2010. p.112.

No direito eleitoral isto não é diferente, sendo perceptível a existência de diversos conceitos jurídicos indeterminados. Todavia, diferentemente do que ocorre na aplicação prática do direito administrativo pelo gestor público, não se pode cogitar que a existência de tais conceitos vagos na seara eleitoral confere aos órgãos jurisdicionais discricionariedade absoluta em sua atividade judicante[66]. Aos juízes cabe a responsabilidade de, atendendo aos limites impostos pelos princípios do direito eleitoral, preencher a indeterminação legal dos conceitos, tornando-os determinados sem visando a otimização da finalidade da norma.

---

[66] Para Ricardo Maurício Freire Soares, "[...] não se deve admitir a concepção de discricionariedade como liberdade livre das amarras da lei, visto a evolução da doutrina pátria no sentido de somente concebê-la dentro dos limites normativos, mormente principiológicos, do ordenamento jurídico" (SOARES, Ricardo Mauricio Freire. **Hermenêutica e interpretação jurídica.** São Paulo: Saraiva, 2010. p.113).

3.1.2 Hermenêutica jurídica e os conceitos jurídicos indeterminados

No passado, buscou-se a diminuição da liberdade de interpretação das leis por parte dos magistrados, como uma reação ao poder absoluto que detinha os monarcas, possibilidade a manipulação da legislação em favor de seus interesses. Para Montesquieu, o juiz deveria ser apenas a "boca da lei", porque aplicaria as normas jurídicas em um processo lógico, matemático[67]. No mesmo sentido, Beccaria afirmou que os juízes não teriam sequer o direito de interpretar as normas penais, que deveriam ser aplicadas segundo um "silogismo perfeito"[68].

---

[67] MONTESQUIEU. **Do espírito das leis.** São Paulo: Nova Cultural, 1997. p.208.

[68] BECCARIA, Cesare. **Dos delitos e das penas.** Trad. Torrieri Guimarães. 2.ed. São Paulo: Martin Claret, 2009. p.22.

Tal visão, todavia, resta superada, ficando claro no estado contemporâneo da hermenêutica jurídica que não existe norma sem interpretação. Desde Gadamer[69], tem-se que a aplicação da norma não é apenas a subsunção objetiva entre o fato e o texto legal, mas sim um processo interpretativo, que depende da compreensão que o intérprete tem de si e do contexto fático em que está inserido. Assim, compreensão estaria intrinsicamente ligada à interpretação e a aplicação da norma seria justamente a integração entre a compreensão e a interpretação[70].

[69] GADAMER, Hans-Georg. **Verdade e método.** Trad. Flávio Paulo Meurer. Rev. Ênio Paulo Giachini. 10.ed. Petrópolis: Vozes, 2008. p.406-406.

[70] SALES, José Edvaldo Pereira. Conceito jurídicos indeterminados no Direito Eleitoral: em busca de referenciais (compromissos) hermenêuticos. **Revista Brasileira de Direito Eleitoral – RBDE.** Belo Horizonte: Editora Forum, a.4, n.6, jan./jun. 2012, p.105.

Nas palavras de Lenio Streck, "hermenêutica será, assim, o ex-surgir da compreensão, a qual dependerá da faticidade e historicidade do intérprete"[71]. É dizer, a interpretação do direito depende da compreensão do intérprete quanto ao texto e tal compreensão tem por base a realidade, as convicções, crenças e o processo evolutivo do próprio intérprete. A norma é, pois, resultado da hermenêutica, já que seu texto, como qualquer expressão da linguagem, é sempre sujeito à compreensão daquele que o lê[72].

---

[71] STRECK, Lenio Luiz. **Hermenêutica jurídica e(m) crise:** uma exploração hermenêutica da construção do direito.11.ed. rev. atual. e ampl. Porto Alegre: Livraria do Advogado Editora, 2014. p.304.

[72] É neste sentido que Margarida Maria Lacombe Camargo ensinar que "[...] a norma que buscamos no texto através da interpretação encontra-se relacionada a uma situação histórica da qual fazem parte o sujeito (intérprete) e o objeto a ser interpretado (fato e norma)" (CAMARGO, Margarida Maria Lacombe. **Hermenêutica e Argumentação:** Uma Contribuição ao Estado de Direito. 3.ed. rev. e atual. Rio de Janeiro: Renovar, 2003. p.14).

Eros Roberto Grau vai além, afirmando que é o intérprete que cria a norma. Com isso não quer o autor dizer que a norma é fabricada pelo intérprete, mas ele a produz no sentido reproduzir, na medida em que a norma existe parcialmente em estado de potência, escondida no texto, cabendo a intérprete desnudá-la. A atividade do intérprete seria, pois, a de desvencilhar a norma do seu invólucro, qual seja o enunciado normativo[73].

É nítido, portanto, que o direito é resultado da interpretação das normas e isto fica ainda mais claro quando se fala em conceitos jurídicos indeterminados. Isto porque, cabe ao intérprete parcela maior de liberdade na produção da norma, já que, tendo maior vagueza em seu texto, faz-se necessário o esforço criativo para dar sentido ao texto, preenchendo o espaço vazio da indeterminação do conceito.

---

[73] GRAU, Eros Roberto. **Ensaio e discurso sobre a interpretação/aplicação do direito.** 4.ed. São Paulo: Malheiros Editores, 2006. p.86-87.

Por tal razão é que Antônio França da Costa afirma que, ao ser inserido na Lei um conceito indeterminado, confere-se ao operador do Direito verdadeiro poder de decifrar este conceito. Para o doutrinador, aquele que exerce esta atividade interpretativa no caso dos conceitos jurídicos indeterminados, "[...] está também definindo o alcance da norma, quais pessoas serão atingidas e como elas o serão"[74]. A produção da norma pelo intérprete nestes casos, portanto, é ainda mais evidente, já que cabe a este definir não só o significado do texto, mas sua extensão, os destinatários e a forma de aplicação.

---

[74] COSTA, Antônio França da. Controle de legalidade e conceitos jurídicos indeterminados. **Revista Controle.** Fortaleza: Tribunal de Contas do Estado do Ceará, v.13, n.2, dez./2015, p.170. Disponível em: <http://www.tce.ce.gov.br/edicoes/revista-controle-volume-xiii-n-2-dezembro-2015/send/241-revista-controle-volume-xiii-n-2-dezembro-2015/3376-edicao-completa> Acesso em 05 mai. 2017.

A indefinição de conceitos jurídicos, portanto, permite que as normas alcancem um número indefinido de sujeitos e de situações[75]. Neste cenário de poder conferido ao intérprete, sobretudo aos magistrados que "dizem o direito" em última instância através da atividade judicante[76], produzindo decisões coercitivas e com aptidão para a definitividade, necessário se faz a imposição de limites para evitar a utilização da elasticidade dos conceitos jurídicos indeterminados para aplicação do direito de maneira casuística e a criação de um Direito "camaleônico"[77].

---

[75] FERREIRA, Marcelo Ramos Peregrino; MEZZAROBA, Orides. Conceitos Jurídicos Indeterminados no Direito Eleitoral: um olhar a partir da necessidade de fundamentação nas decisões judiciais prevista no Código de Processo Civil. *In*: AGRA, Walber de Moura; PEREIRA, Luiz Fernando; TAVARES, Andre Ramos (Orgs.). **O Direito Eleitoral e o Novo Código de Processo Civil.** 1.ed. Belo Horizonte: Editora Forum, 2016, v. 1, p. 390.

[76] Ricardo Maurício Freire Soares, analisando o papel da jurisprudência na construção do direito, ensina que "[...] no âmbito do processo decisório, os julgadores criam uma norma jurídica para o caso concreto, o que permite asseverar o papel criativo e construtivo do magistrado, no desenvolvimento da interpretação jurídica, bem como atribuir à jurisprudência a condição de fonte do direito, como modo de manifestação da normatividade jurídica" (SOARES, Ricardo Mauricio Freire. **Hermenêutica e interpretação jurídica.** São Paulo: Saraiva, 2010. p.122).

[77] SALES, José Edvaldo Pereira. Conceito jurídicos indeterminados no Direito Eleitoral: em busca de referenciais (compromissos) hermenêuticos. **Revista Brasileira de Direito Eleitoral – RBDE.** Belo Horizonte: Editora Forum, a.4, n.6, jan./jun. 2012, p.95.

É assim que, conforme se verá mais detalhadamente no tópico seguinte, os princípios devem ser encarados como os limites para o ativismo judicial, moldando a atividade interpretativa dos juízes no preenchimento do vazio normativo provocado pelos conceitos jurídicos indeterminados. A ultrapassagem destes limites, portanto, excede a liberdade hermenêutica e adentra no campo da arbitrariedade, o que deve ser cuidadosamente evitado no Estado de Direito, no bojo do qual inexiste poder constituído que seja absoluto.

3.2 PRINCÍPIOS COMO LIMITADORES DA INTERPRETAÇÃO DO DIRIETO ELEITORAL

Como já afirmado neste trabalho, é inegável que o direito eleitoral está permeado de diversos conceitos jurídicos indeterminados, sendo um deles o objeto da presente pesquisa, a saber o conceito de irregularidade insanável que configure ato doloso de improbidade administrativa. Diante disso, conforme acentua Sales,

Casuísmos é o que não tem faltado no tratamento dispensado ao Direito Eleitoral. Dos temas mais simples aos mais complexos – e são tantos que aqui se dispensa até menção – a cada eleição tem-se um novo posicionamento, que, não poucas vezes, é um antigo entendimento resgatado e diametralmente oposto ao que até aquele momento se tinha. Não raro, isso ocorre na mesma eleição, o que é por demais grave[78].

---

[78] SALES, José Edvaldo Pereira. Conceito jurídicos indeterminados no Direito Eleitoral: em busca de referenciais (compromissos) hermenêuticos. **Revista Brasileira de Direito Eleitoral – RBDE.** Belo Horizonte: Editora Forum, a.4, n.6, jan./jun. 2012, p.108.

Há, portanto, abuso na interpretação do direito eleitoral, notadamente na conferência de significados aos conceitos jurídicos indeterminados, cuja maleabilidade faz parecer a existência de uma liberdade sem limites na atividade hermenêutica. Todavia, na lição de Clarissa Fonseca Maia[79], é preciso ter cuidado com o excesso de criatividade na atividade jurisdicional, na medida em que pode representar violação ao princípio da separação dos poderes com a usurpação da competência do Legislativo.

A isto é preciso somar, ainda, o déficit de legitimidade democrática dos magistrados ao extrapolar os limites na interpretação do direito, já que não caberia ao Judiciários imiscuir-se em questões afeitas àqueles órgãos compostos por representantes eleitos pelo povo, interferindo em decisões de caráter político[80].

---

[79] MAIA, Clarissa Fonseca. **O ativismo judicial no âmbito da Justiça Eleitoral.** 2010. Dissertação (Mestrado em Direito) – Universidade de Fortaleza, Fortaleza. p.57.

[80] MAIA, Clarissa Fonseca. **O ativismo judicial no âmbito da Justiça Eleitoral.** 2010. Dissertação (Mestrado em Direito) – Universidade de Fortaleza, Fortaleza. p.62.

Como limitação à hermenêutica do direito eleitoral, notadamente no que se refere aos conceitos jurídicos indeterminados, destacam-se os princípios que, no pós-positivismo jurídico, assumem não só o caráter normativo, como afirma Barroso[81], mas a condição de principal orientador na interpretação das demais normas, porque representam os valores que permeiam o ordenamento e as finalidades que visa alcançar.

3.2.1. Princípios do direito eleitoral

Superando a visão clássica que considerava os princípios como fontes subsidiárias de direito, ou seja, meros critérios para preenchimentos de lacunas, Robert Alexy ensina que, mais do que isso, os princípios são normas jurídicas assim como as regras, na medida em que também dizem um dever ser[82].

---

[81] BARROSO, Luís Roberto. Neoconstitucionalismo e constitucionalização do Direito (o triunfo tardio do direito constitucional no Brasil). **Revista Eletrônica sobre a Reforma do Estado (RERE)**. Salvador: Instituto Brasileiro de Direito Público, nº.09, mar./abr./mai. 2007. p.5. Disponível em: <http://www.direitodeestado.com.br/rere.asp>. Acesso em: 04 mai. 2017.

[82] ALEXY, Robert. **Teoria dos Direitos Fundamentais.** Trad. Virgílio Afonso da Silva. São Paulo. Malheiros Editores, 2008. p.87.

Alexy vai além, afirmando que os princípios são normas que impõem a realização de algo na maior medida do juridicamente e faticamente possível. Seriam, pois, mandamentos de otimização que podem ser satisfeitos em diferentes graus, atendendo às possibilidades não só fáticas, mas também jurídicas. As possibilidades jurídicas, para o autor, seriam aferidas através da análise das regras e princípios colidentes[83].

Em suma, diferentemente do que ocorre com as regras, os princípios não veiculam fórmulas acabadas nas quais seria possível identificar em cada caso concreto se haveria a incidência da norma ou não e, se houvesse, ou se aplicaria em sua integralidade ou não se aplicaria (*tudo ou nada*). Os princípios se enquadram em um universo de situações muito maior em razão da alta carga valorativa e do maior nível de abstração[84], devendo o intérprete apenas definir em cada caso o grau de aplicação.

---

[83] ALEXY, Robert. **Teoria dos Direitos Fundamentais.** Trad. Virgílio Afonso da Silva. São Paulo. Malheiros Editores, 2008. p.90.

[84] BONFIM, Thiago. **Os princípios constitucionais e sua força normativa:** análise da prática jurisprudencial. Salvador: Editora Podivm, 2008. p.49.

Diversos são os princípios do direito eleitoral, tanto material, quanto processual, que, além de traçar as diretrizes deste ramo jurídico e indicar as bases de sua interpretação, impõe seu respeito em todas as circunstâncias, moldando condutas no exercício prático da democracia. Dentre tais princípios, destacam-se para os fins da presente pesquisa o princípio republicano, o princípio democrático, o princípio da moralidade eleitoral, o princípio da lisura das eleições ou da igualdade e o princípio do sufrágio universal.

O princípio republicando consiste na opção do constituinte brasileiro de 1988 pela república como forma de governo. Quer isto dizer, que tal princípio incorpora no ordenamento jurídico a ideia do Estado como *coisa pública*, sem dono, impondo aos governantes limitação aos poderes a eles conferidos, já que atuam em nome do povo e para o povo, conforme lição de José Afonso da Silva[85]. A república é, portanto, o sistema de governo contraposto à monarquia, mas a negação completa de qualquer espécie de tirania!

---

[85] SILVA, José Afonsa da. **Curso de direito constitucional positivo.** 38.ed. rev. e atual. São Paulo: Malheiros Editores, 2015. p.104.

Do ponto de vista eleitoral, o princípio republicano tem como maior repercussão a imposição da eletividade, a temporalidade do mandato e alternância de comando do Estado. Evidentemente, isto se aplica aos chefes do Poder Executivo e aos membros do Poder Legislativo, ficando de fora, no Brasil, os membros do Poder Judiciário[86]. Na prática, isto implica dizer que o princípio republicano determinar a realização de eleições diretas para preenchimento e renovação dos mandatos[87].

---

[86] A ressalva se justifica na medida em que em outros países, como nos Estados Unidos da América, em detrimento de também adotarem a forma republicana de governo, os membros do Poder Judiciário eleitos para exercício da atividade judicante, tal qual ocorre com os membros dos demais poderes.

[87] GOMES, José Jairo. **Direito eleitoral.** 7.ed. rev. atual. e ampl. São Paulo: Atlas, 2011. p.39.

No que tange ao princípio democrático, também se trata de uma previsão constitucional que vai além que faz a opção do Brasil pelo modelo de Estado Democrático de Direito. Na lição de Dirley da Cunha Júnior, isto corresponde à união entre os conceitos de Estado de Direito e Estado Democrático, a afirmar não só que todo poder emana do povo e em favor dele deve ser exercido, como também reconhecer e tutelar os direitos humanos fundamentais com o fito de maximizar a realização da dignidade da pessoa humana[88].

A democracia no Brasil, ademais, é materializada sobretudo na liberdade do voto e na promoção do equilíbrio das disputas eleitorais, oportunizando igualdade material de condições na disputa do sufrágio. Neste sentido, Kahn, Niess e Souza[89], afirmam que "sem que o voto seja livre e sem que se efetive favorecimentos de certas candidaturas em relação a outras, não se pode falar na efetivação da democracia".

---

[88] CUNHA JÚNIOR, Dirley da. **Curso de Direito Constitucional.** 11.ed. rev. ampl. e atual. Salvador: Editora Juspodivm, 2017. p.470.

[89] KAHN, Andrea Patrícia Toledo Távora Niess; NIESS, Pedro Henrique Távora; SOUZA, Luciana Toledo Távora Niess de. **Direito eleitoral.** São Paulo: Edipro, 2016. p.37.

Ainda sobre o princípio democrático aplicado ao direito eleitoral, os autores destacam sua manifestação na liberdade de criação, fusão, incorporação e extinção das agremiações políticas[90]. A existência plural dos partidos políticos é essencial à democracia, permitindo a convivência de ideias diferentes e que se distanciam em graus distintos nos espaços de debate e de tomada de decisões. Isto representa, pois, o pluralismo da própria sociedade transportado para o universo da política a permitir o diálogo de diferentes segmentos para construção de decisões que efetivamente representem a vontade popular.

Como corolário do princípio democrático e também com supedâneo constitucional, está o princípio da lisura das eleições ou da igualdade, permitindo que todos os cidadãos que estão no perfeito gozo de seus direitos políticos, preenchendo todas as condições de elegibilidade e não incidindo em nenhuma das hipóteses de inelegibilidade, disputem, em igualdade material[91] de condições, os cargos eletivos para exercício de mandatos parlamentares ou executivos.

---

[90] KAHN, Andrea Patrícia Toledo Távora Niess; NIESS, Pedro Henrique Távora; SOUZA, Luciana Toledo Távora Niess de. **Direito eleitoral.** São Paulo: Edipro, 2016. p.37.

Sobre este princípio, Marcus Vinicius Furtado Coêlho[92] afirma a necessidade de ser qualquer disputa eleitoral pautada na lisura das eleições quanto aos meios empregados para que não haja qualquer espécie de privilégio para determinada candidatura. Quer isto dizer, em síntese, que deve ser garantida a igualdade de oportunidades para todos os candidatos envolvidos em um pleito eleitoral, em respeito ao princípio em comento.

Por tal razão é que todos os atores envolvidos nas eleições, mesmo aqueles externos como a imprensa, devem respeito a tal princípio para que seja sempre mantido o equilíbrio das disputadas eleitorais.

---

[91] Diferentemente do que ocorre com a igualdade meramente formal, o conceito de igualdade material permite o tratamento desigual aos desiguais na medida de suas desigualdades. É dizer, promover a igualdade material não necessariamente consiste no tratamento igualitário a todos os sujeitos, mas sim, em determinadas situações, o tratamento desigual para certos sujeitos para que corrija uma desigualdade e o permita alcançar o patamar de igualdade com os demais sujeitos (FERNANDES, Bernardo Gonçalves. **Curso de direito constitucional.** 7.ed. rev. ampl. e atual. Salvador: Editora Juspodivm, 2015. p.397).

[92] COÊLHO, Marcus Vinicius Furtado. **Direito eleitoral e processo eleitoral:** direito penal eleitoral e direito político. 2.ed. rev. atual. e ampl. Rio de Janeiro: Renovar, 2010. p.92-93.

Não se está a dizer que a imprensa deve ter seu papel diminuído, até porque sua atuação é essencial para a democracia, representando um dos fatores de controle social da atuação estatal, inclusive na condução das eleições. Todavia, a cobertura jornalística das disputas eleitorais deve ser isenta e objetiva, sem que favoreça ou desfavoreça um dos candidatos na forma de uma propaganda (positiva ou negativa) velada, conforme precedentes do Tribunal Superior Eleitoral[93].

---

[93] Dentre tais precedentes, destaca-se o julgamento do recurso ordinário n° 191942/AC pelo TSE, cuja ementa do acórdão transcreve-se a seguir: "ELEIÇÕES 2010. RECURSO ORDINÁRIO. AÇÃO DE INVESTIGAÇÃO JUDICIAL ELEITORAL. CANDIDATOS A GOVERNADOR DE ESTADO, A VICE-GOVERNADOR, A SENADOR DA REPÚBLICA E A SUPLENTES DE SENADORES. ABUSO DO PODER POLÍTICO, ECONÔMICO E USO INDEVIDO DOS MEIOS DE COMUNICAÇÃO. UTILIZAÇÃO DE SERVIDORES PÚBLICOS EM CAMPANHA. COAÇÃO SOBRE EMPRESÁRIOS DO ESTADO PARA FAZEREM DOAÇÃO À CAMPANHA DOS RECORRIDOS. ARREGIMENTAÇÃO E TRANSPORTE DE FUNCIONÁRIOS DE EMPRESAS PRIVADAS E DE COOPERATIVAS PARA PARTICIPAREM DE ATO DE CAMPANHA. USO INDEVIDO DOS MEIOS DE COMUNICAÇÃO. DEPENDÊNCIA ECONÔMICA DA IMPRENSA ESCRITA EM RELAÇÃO AO ESTADO DO ACRE. ALINHAMENTO POLÍTICO DE JORNAIS PARA BENEFICIAR DETERMINADA CAMPANHA. 1. Com base na compreensão da reserva legal proporcional, a cassação de diploma de detentor de mandato eletivo exige a comprovação, mediante provas robustas admitidas em direito, de abuso de poder grave o suficiente a ensejar essa severa sanção, sob pena de a Justiça Eleitoral substituir-se à vontade do eleitor. Compreensão jurídica que, com a edição da LC n° 135/2010, merece maior atenção e reflexão por todos os órgãos da Justiça Eleitoral, pois o reconhecimento do abuso de poder, além de ensejar a grave sanção de cassação de diploma, afasta o político das disputas eleitorais pelo longo prazo de oito anos (art. 1°, inciso I, alínea d, da LC n° 64/1990), o que pode representar sua exclusão das

~~O princípio da moralidade eleitoral também tem~~
disputas eleitorais. 2. Abuso do poder político na utilização de servidores públicos em campanha: competia ao Ministério Público Eleitoral provar que os servidores públicos ou estavam trabalhando em campanha eleitoral no horário de expediente ou não estavam de férias no período em que se engajaram em determinada campanha. O recorrente não se desincumbiu de comprovar o fato caracterizador do ilícito eleitoral, nem demonstrou, com base na relação com o horário de expediente de servidores, que estariam trabalhando em período vedado, tampouco pleiteou a oitiva dos servidores que supostamente estariam envolvidos ou que comprovariam os ilícitos. A prova emprestada somente é admissível quando formada sob o crivo do contraditório dos envolvidos, possibilitando à parte contrária impugnar o seu conteúdo, bem como produzir a contraprova, com base nos meios de provas admitidos em direito. Não configura ilícito eleitoral o fato de uma jornalista, também servidora da assessoria de comunicação de município, opinar favoravelmente ou criticar determinado candidato em jornal privado, pois, na lição do Ministro Sepúlveda Pertence, a imprensa escrita tem a "quase total liberdade" (MC nº 1.241/DF, julgado em 25.10.2002), mas o transbordamento poderá ensejar direito de resposta ao ofendido (art. 58 da Lei nº 9.504/1997), medida cujo manejo pelos adversários dos recorridos não foi noticiado pelo Ministério Público Eleitoral. 3. Abuso do poder político e econômico na coação sobre empresários do Estado para fazerem doação à campanha dos recorridos: impossibilidade de se analisarem interceptações telefônicas declaradas ilícitas pela Justiça Eleitoral. O modelo constitucional de financiamento de disputa de mandatos eletivos, seja pelo sistema proporcional, seja pelo sistema majoritário, não veda a utilização do poder econômico nas campanhas eleitorais; coíbe-se tão somente, em respeito à normalidade e à legitimidade do pleito, o uso excessivo ou abusivo de recursos privados no certame eleitoral, o que não ficou demonstrado pelo Ministério Público Eleitoral, a quem competia provar a alegada ilicitude. O fato de determinada empresa privada possuir contrato com o poder público não impede a pessoa jurídica de participar do processo eleitoral na condição de doadora, salvo se "concessionário ou permissionário de serviço público", nos termos do art. 24, inciso III, da Lei nº 9.504/97, tampouco autoriza concluir necessariamente que as doações foram fruto de coação ou troca de favores. 4. Abuso do poder político e econômico na arregimentação e transporte de funcionários de empresas privadas e de cooperativas para participarem de ato de campanha dos recorridos: a configuração do abuso de poder, com a consequente imposição da grave sanção de cassação de diploma daquele que foi escolhido pelo povo afastamento, portanto, da soberania popular , necessita de prova robusta da prática do ilícito eleitoral, exigindo-se que a conduta ilícita, devidamente comprovada, seja grave o suficiente a ensejar a aplicação dessa severa sanção, nos termos do art. 22,

~~previsão constitucional, tendo o constituinte de 1988~~ inciso XVI, da LC nº 64/1990, segundo o qual, "para a configuração do ato abusivo, não será considerada a potencialidade de o fato alterar o resultado da eleição, mas apenas a gravidade das circunstâncias que o caracterizam". Requisitos ausentes no caso concreto. 5. Uso indevido dos meios de comunicação: dependência econômica da imprensa escrita em relação ao Estado do Acre e alinhamento político de jornais para beneficiar os recorridos. Não há provas nos autos acerca da dependência financeira dos veículos de comunicação em relação ao Estado do Acre, tampouco há ilicitude no fato de candidatos ou coligação contratarem para a campanha empresa de publicidade que tem contrato com o Executivo. A liberdade de informação jornalística, segundo a qual, "nenhuma lei conterá dispositivo que possa constituir embaraço à plena liberdade de informação jornalística em qualquer veículo de comunicação social, observado o disposto no art. 5º, IV, V, X, XIII e XIV" (art. 220, § 1º, da CF/88), permite, na seara eleitoral, não apenas a crítica à determinada candidatura, mas também a adoção de posição favorável a certo candidato, salvo evidentes excessos, que serão analisados em eventual direito de resposta ou na perspectiva do abuso no uso indevido dos meios de comunicação. Não há prova nos autos que demonstrem o uso indevido dos meios de comunicação, mas matérias favoráveis aos candidatos da situação e da oposição ao governo estadual. 6. Uso indevido dos meios de comunicação: utilização de emissora pública de TV em benefício dos recorridos e enaltecimento das obras do governo do Estado pela referida emissora: o Supremo Tribunal Federal suspendeu a eficácia da expressão "ou difundir opinião favorável ou contrária a candidato, partido, coligação, a seus órgãos ou representantes" constante do art. 45, inciso III, da Lei nº 9.504/1997, afirmando que "apenas se estará diante de uma conduta vedada quando a crítica ou matéria jornalísticas venham a descambar para a propaganda política, passando nitidamente a favorecer uma das partes na disputa eleitoral. Hipótese a ser avaliada em cada caso concreto" (ADI nº 4451 MC-REF/DF, rel. Min. Carlos Ayres Britto, julgado em 2.9.2010). Não há vedação legal a que as emissoras de rádio e de televisão, mesmo no período eleitoral, noticiem e comentem fatos e atos de governo que ocorram no curso das disputas eleitorais, mas coíbe-se o abuso, inexistente no caso concreto. Não configura abuso no uso dos meios de comunicação o chefe do Executivo não candidato à reeleição conceder a jornalista entrevista sem conotação eleitoral. Precedentes. Não configura abuso no uso dos meios de comunicação social reportagem que se encontra nos limites da informação jornalística, demonstrando a trajetória e os desafios de uma grande obra, o que não autoriza concluir que os eleitores associaram aquela reportagem à necessária continuidade dos candidatos apoiados pelo então governador, mormente quando se sabe que se trata de obra do governo federal iniciada em governos anteriores, sem vinculação a pleito ou candidatos, ainda que de forma subliminar. Não contemplado, no artigo 14, § 9º, a necessidade de observância à "[...] moralidade para exercício de mandato considerada a vida pregressa do candidato [...]"[94] ao possibilitar a criação de outras causas de inelegibilidade distintas daquelas previstas na própria Constituição, através de Lei Complementar.

A justificativa para a incorporação de deste princípio no ordenamento jurídico brasileiro é definida por Marcos Ramayana, que ensina:

configuram abuso no uso dos meios de comunicação social, entendido como grave quebra da igualdade de chances, as notícias de telejornais que, apesar de se excederem em alguns momentos, não significam, no caso concreto, automática transferência eleitoral aos candidatos, sobretudo quando se verifica que, nem de forma dissimulada, há sugestão de disputa eleitoral, ou referência, ainda que indireta, a candidatura, ou slogan de campanha, nem mesmo o Ministério Público Eleitoral noticiou alguma circunstância que revelasse isso. 7. Recurso ordinário desprovido" (BRASIL. Tribunal Superior Eleitoral. **Recurso ordinário nº 87692/AC.** Relator: Min. Gilmar Ferreira Mendes. Brasília, DF: Julgado em 16 set. 2014. Disponível em: <http://www.tse.jus.br/jurisprudencia/pesquisa-de-jurisprudencia/jurisprudencia> Acesso em: 05 mai. 2017).

[94] BRASIL. **Constituição da República Federativa do Brasil.** Brasília, DF: 5 out. 1988. Disponível em: <http://www.planalto.gov.br/ccivil_03/constituicao/constituicao.htm>. Acesso em: 22 abr. 2017.

A vida de um servidor público deve ser moralmente aceita pela sociedade, e esta situação de subjugação aos deveres com a ordem democrática defluem da maturação posição do homem representativo dentro do contexto de comunidades simplesmente primitivas e das altamente organizadas.

Apesar do entendimento sumulado do Tribunal Superior Eleitoral de vedação da aplicação direta do princípio da moralidade eleitoral para fins de exame de candidaturas[95], tal preceito constitucional tem relevância prática na medida em que é, como qualquer princípio, é norma, cuja força normativa deve ser respeitada. Assim, por mais que seja considerada pelo TSE norma de eficácia limitada na classificação de José Afonso da Silva[96], como o próprio nome já diz, apesar de reduzida sua eficácia, deve ser reconhecido algum grau de aplicabilidade[97].

---

[95] Trata-se da Súmula nº 13, do TSE, cuja redação é a seguinte: "Não é auto-aplicável o § 9º do art. 14 da Constituição, com a redação da Emenda Constitucional de Revisão nº 4/94" (BRASIL. Tribunal Superior Eleitoral. **Súmula nº 13.** Não é auto-aplicável o § 9º do art. 14 da Constituição, com a redação da Emenda Constitucional de Revisão nº 4/94. Brasília, DF: Publicado no DJ de 28, 29 e 30 out. 2996. Disponível em: <http://www.tse.jus.br/legislacao/codigo-eleitoral/sumulas/sumulas-do-

Do ponto de vista de inspiração legislativa, por exemplo, verifica-se a influência de tal princípio na criação das causas de inelegibilidade que visam afastar do pleito eleitoral aqueles candidatos que têm uma vida pregressa marcada pela imoralidade, como é o caso das inelegibilidades por prática de infrações penais (artigo 1º, I, "e", da Lei de Inelegibilidades), por rejeição de contas em razão de irregularidade que configure ato doloso de improbidade administrativa (artigo 1º, I, "g", da Lei de Inelegibilidades), bem como por perda de mandato em razão de quebra do decoro parlamentar (artigo 1º, I, "b", da Lei de Inelegibilidades)[98].

---

tse/sumula-nb0-13> Acesso em: 05 mai. 2017).

[96] Ensina o autor que as normas de eficácia limitada são "[...] aquelas que dependem de outras providências para que possam surtir os efeitos essenciais colimados pelo legislador constituinte" (SILVA, José Afonso da. **Aplicabilidade das normas constitucionais.** 3.ed. rev. apml. e atual. São Paulo: Malheiros Editores, 1998. p.118).

[97] Marcos Ramayana vai além da cobrança pelo reconhecimento de alguma aplicabilidade a tal princípio e contraria o entendimento do TSE ao defender que esta seria norma de eficácia contida, produzindo efeitos em sua plenitude, mas admitindo certo grau de limitação de seu alcance por normas infraconstitucionais (RAMAYANA, Marcos. **Direito eleitoral.** 12.ed. rev. ampl. e atual. Niterói: Impetus, 2011. p.55).

[98] BRASIL. **Lei Complementar nº 64 de 18 de maio de 1990.** Estabelece, de acordo com o art. 14, § 9º da Constituição Federal, casos de inelegibilidade, prazos de cessação, e determina outras providências. Brasília, DF: 18 mai. 1990. Disponível em: <http://www.planalto.gov.br/ccivil_03/leis/lcp/lcp64.htm> Acesso em: 12

Ademais disso, devem os magistrados, na aplicação das normas eleitorais, atentar para a preocupação do constituinte com a vida pregressa dos candidatos, a fim de se preservar a moralidade que se espera do homem público, que lida com bens e interesses do povo. É assim que, a ideia de moralidade deve permear as decisões da Justiça Eleitoral, a fim de se afastar das disputas, tanto quanto possível, os atores cujo passado não permita a participação de maneira salutar não só do pleito, como da própria vida pública.

Destaque-se, ainda entre os princípios do direito eleitoral, o princípio do sufrágio universal, que consiste na representação do direito político em essência. Gomes resume a noção deste princípio, asseverando que o sufrágio universal

[...] designa o direito público subjetivo democrático, pelo qual um conjunto de pessoas – o povo – é admitido a participar da vida política da sociedade, escolhendo os governantes ou sendo escolhido para governar e, assim, conduzir o Estado. Em suma: o sufrágio traduz o direito de votar e ser votado, encontrando-se entrelaçado ao exercício da soberania popular. Trata-se do poder de decidir sobre o destino da comunidade, os rumos do governo, a condução da Administração Pública[99].

Todavia, conforme anota Gilmar Ferreira Mendes e Paulo Gustavo Gonet Branco[100], o sufrágio abrange não apenas o direito de ser votado e de votar para escolha de seus representantes no Estado, mas também o direito de participar diretamente em alguns processos decisórios através de plebiscitos, referendos e projetos de lei de iniciativa popular.

---

[99] GOMES, José Jairo. **Direito eleitoral.** 7.ed. rev. atual. e ampl. São Paulo: Atlas, 2011. p.41.

[100] BRANCO, Paulo Gustavo Gonet; MENDES, Gilmar Ferreira. **Curso de direito constitucional.** 10.ed. rev. e atual. São Paulo: Editora Saraiva,

Diz-se universal, porque no Brasil o direito ao voto é estendido a todos os nacionais do País, pouco importando o grupo ou a classe a que pertence o cidadão na vida social, tampouco sua qualificação[101]. Enfim, não há discriminação com relação ao direito de votar, o que é necessário para o regime democrático, na medida em que não há democracia onde a escolha dos representantes do povo se dá apenas por um segmento da sociedade.

É importante distinguir sufrágio de voto, na medida em que o primeiro é o direito de participar dos destinos políticos da nação de maneira ativa e passiva, enquanto o segundo consiste no exercício concreto de tal direito, promovendo-se a escolha, por exemplo, dos representantes que exercerão os mandatos parlamentares e executivos, tomando as decisões políticas em nome do povo[102].

2015. p.715.

[101] BRANCO, Paulo Gustavo Gonet; MENDES, Gilmar Ferreira. **Curso de direito constitucional.** 10.ed. rev. e atual. São Paulo: Editora Saraiva, 2015. p.716.

[102] ALMEIDA, Roberto Moreira de. **Curso de direito eleitoral.** 6.ed. rev. ampl. e atual. Salvador: Editora Juspodivm, 2012. p.85.

3.2.2. O casuísmo na aplicação do direito eleitoral

Malgrado a delimitação imposta pelos princípios do direito eleitoral para que sejam interpretadas as normas deste ramo jurídico, o que se percebe na prática é a aplicação casuística das normas, de modo que a jurisprudência se mostra excessivamente vacilante, decidindo de maneira muitas vezes contraditórias e, assim, provocando grande instabilidade para os candidatos, profissionais do direito e, em última análise, para toda sociedade[103].

---

[103] Sobre o casuísmo na aplicação do direito em geral, Lenio Steck tece

Percebe-se, portanto, um movimento de natureza ontológica, no qual se prestigia somente os fatos, os acontecimentos, a concretude do caso, em detrimento da técnica jurídica. A tal fenômeno atribui-se o nome de casuísmo, através do qual o magistrado decide o caso da maneira que entende correta para solução do caso concreto, utilizando-se a fluidez dos princípios e sem preocupação com as consequências de tal decisão para a dinâmica social e para os casos futuros[104].

---

duras críticas, ao afirmar que "[...] tornou-se lugar comum a afirmação de que cada caso deve ser julgado como se fosse único – trata-se daquilo que já mencionei nesta obra como 'ideologia do caso concreto". Penso que, nos termos da teoria integrativa, o correto é afirmar que todo julgamento traz consigo um problema de igualdade. Ou seja, a ideia diretriz não é – como equivocadamente se processa – que cada caso deve ser julgado como se fosse único, como se só houvessem coisas particulares, mas, sim, que todos casos devem ser julgados, até o limite do possível, como se fossem iguais". E conclui o autor, resumindo que "[...] a decisão tomada em um caso gera responsabilidade para com o próximo. Não se pode decidir casuisticamente sem que se faça um esforço hermenêutico para justificar por que o caso que se decide merece tratamento diferenciado com relação aos outros que já foram decididos" (STRECK, Lenio Luiz. **Verdade e consenso:** Constituição, hermenêutica e teorias discursivas da possibilidade à necessidade de respostas corretas em direito; 3.ed. rev. e ampl. Rio de Janeiro: Lumen Juris, 2009. p.505).

[104] SALES, José Edvaldo Pereira. Conceito jurídicos indeterminados no Direito Eleitoral: em busca de referenciais (compromissos) hermenêuticos. **Revista Brasileira de Direito Eleitoral – RBDE.** Belo Horizonte: Editora Forum, a.4, n.6, jan./jun. 2012, p.107.

O casuísmo no direito eleitoral é muito marcante, não se vislumbrando a atenção aos princípios jurídicos em primeiro lugar para que estes orientem uma decisão no caso concreto. Ocorre, no mais das vezes, o movimento contrário, de modo que se decide a melhor solução para o caso, para depois se encontrar na abertura semântica de princípios e conceitos indeterminados, alguma justificativa para a decisão previamente escolhida.

A utilização dos princípios, portanto, vem se dando de maneira distorcida, de modo a ampliar demasiadamente as possibilidades de interpretação das normas, possibilitando a escolha de respostas diametralmente opostas para situações similares. Ocorre que, segundo Lenio Streck, "[...] por mais paradoxal que possa parecer, os princípios têm finalidade de impedir 'múltiplas repostas'; portanto, 'fecham' a interpretação (e não a 'abrem')"[105].

---

[105] STRECK, Lenio Luiz. Interpretar e concretizar: em busca da superação da discricionariedade do positivismo jurídico. *In*: LUCAS, Douglas Cesar; SPAREMBERGER, Raquel Fabiana Lopes (Orgs.). **Olhares hermenêuticos sobre o direito:** em busca de sentido para os caminhos do jurista. Juí: Editora Unijuí, 2006.

Esta abertura exacerbada na interpretação do direito pelos tribunais, sobretudo no caso dos conceitos jurídicos indeterminados, faz parecer que existe verdadeira discricionariedade dos juízes que, diante de um caso concreto – manipulando os princípios –, teria a possibilidade de criar o direito e aplica-lo retroativamente aos fatos submetidos a sua apreciação[106]. Este modelo é diametralmente oposto ao que defende Dworkin, para quem apenas o legislador é autorizado a criar o direito[107], de forma que ao juiz caberia a interpretação da norma de modo a encontrar a "única resposta correta" para solução do caso a ele apresentado.

---

[106] Philipp Heck é defensor deste modelo, nomeando-o de jurisprudência dos interesses, afirmando, nas palavras de Camargo que "[...] a atividade do juiz é criadora, à proporção que procura conjugar os interesses postos na lei, pelo legislador, com interesses da ocasião em que a mesma é chamada a ser aplicada, ao que se soma o conteúdo emocional do próprio juiz, que contribui com a sua experiência de vida e com seu sentimento de justiça" (CAMARGO, Margarida Maria Lacombe. **Hermenêutica e Argumentação:** Uma Contribuição ao Estado de Direito. 3.ed. rev. e atual. Rio de Janeiro: Renovar, 2003. p.93).

[107] BILLIER, Jean-Cassien; MARYIOLI, Aglaé. **História da Filosofia do Direito.** Trad. Maurício de Andrade. Barueri: Manole, 2005. p.426.

Esta resposta seria encontrada através da atividade interpretativa que, nos casos mais fáceis – que podem ser resolvidos através de regras –, haveria a simples subsunção numa operação lógico-forma, mas nos casos difíceis (*hard cases*), seria preciso uma análise mais pormenorizada sobre os princípios que são aplicáveis ao caso concreto para, dentre eles, escolher qual seria o mais adequado para a solução da lide[108].

O casuísmo, presente na jurisprudência eleitoral, portanto, seria a negação das ideias pós-positivistas *dworkinianas*, na medida em que não se vislumbra a busca de uma resposta única para situações semelhantes, mas sim um sem-número de decisões conflitantes, como se cada julgador fosse uma ilha e suas decisões não interferisse no universo jurídico, mas apenas no mundo fenomênico.

---

[108] SOARES, Ricardo Mauricio Freire. **Hermenêutica e interpretação jurídica.** São Paulo: Saraiva, 2010. p.60.

Na teoria de Dworkin, interpretar o direito desta forma é um equívoco, na medida em que, para o autor, decidir os *hard cases* deveria ser como escrever um romance, em que cada romancista (magistrado) escrevia um capítulo (decisão), mas sempre precisaria ler e compreender os capítulos (decisões) anteriores[109]. Sendo assim, cada decisão judicial sobre um tema teria atenção às decisões anteriores e também influenciaria as decisões seguintes, de modo que este processo contribuiria para a construção de um Direito com base nos princípios vigentes e em respeito à integridade do ordenamento jurídico.

Um exemplo de decisão da Justiça Eleitoral conflitante com outra proferida pouco tempo antes foi o julgamento do recurso especial nº 20491 pelo TSE em dezembro de 2016, que cassou prefeito eleito nas eleições daquele ano, considerando-o inelegível por ter sido condenado por improbidade administrativa, mesmo não tendo mencionado a decisão da Justiça comum sobre a improbidade que houve enriquecimento ilícito, sob a alegação de que tal conclusão era inevitável[110].

---

[109] DWORKIN, Ronald. Uma questão de princípio. Trad. Luís Carlos Borges. São Paulo: Martins Fontes, 2000. p.238.

[110] BRASIL. Tribunal Superior Eleitoral. **Recurso especial eleitoral nº 20491.** Relator: Min. Antonio Herman de Vasconcellos e Benjamin.

Ocorre que, em outubro de 2016 o Tribunal havia decidido de maneira completamente diferente no julgamento do recurso especial eleitoral nº 4932, entendendo que a Justiça Especializada não poderia tirar conclusões sobre a decisão da Justiça comum a respeito da improbidade administrativa e, assim, não havendo menção ao enriquecimento ilícito, que é requisito para configuração da inelegibilidade em questão, deveria a Justiça Eleitoral descartar sua incidência[111].

Isto deixa claro o quanto casuísta e vacilante é a jurisprudência da Justiça Eleitoral, causando prejuízos à democracia, já que, em algumas hipóteses, até desestimula a participação de possíveis candidatos nos pleitos eleitorais em razão das incertezas quanto ao julgamento de eventuais processos que vierem a ser partes.

Brasília, DF: Julgado em 13 dez. 2016. Disponível em: <http://www.tse.jus.br/jurisprudencia/pesquisa-de-jurisprudencia/jurisprudencia> Acesso em: 05 mai. 2017.

[111] BRASIL. Tribunal Superior Eleitoral. **Recurso especial eleitoral nº 4932.** Relator: Min. Luciana Christina Guimarães Lóssio. Brasília, DF: Julgado em 10 out. 2016. Disponível em: <http://www.tse.jus.br/jurisprudencia/pesquisa-de-jurisprudencia/jurisprudencia> Acesso em: 05 mai. 2017.

A necessidade rever o casuísmo das decisões da Justiça Eleitoral, inclusive, já foi reconhecida pelo próprio Supremo Tribunal Federal que no julgamento do recurso extraordinário nº 637485/RJ decidiu pela aplicação do princípio da anuidade também no caso de mudanças bruscas na jurisprudência em defesa da segurança jurídica, conforme se verifica no seguinte trecho do acórdão:

> Mudanças radicais na interpretação da Constituição devem ser acompanhadas da devida e cuidadosa reflexão sobre suas consequências, tendo em vista o postulado da segurança jurídica. Não só a Corte Constitucional, mas também o Tribunal que exerce o papel de órgão de cúpula da Justiça Eleitoral devem adotar tais cautelas por ocasião das chamadas viragens jurisprudenciais na interpretação dos preceitos constitucionais que dizem respeito aos direitos políticos e ao processo eleitoral[112].

---

[112] BRASIL. Supremo Tribunal Federal. **Recurso extraordinário nº 637485.** Relator: Min. Gilmar Ferreira Mendes. Brasília, DF: Julgado em 01 ago. 2012. Disponível em:

Diante das razões apresentadas, nota-se que é preciso mudança na interpretação do direito eleitoral, conferindo-se mais estabilidade às definições de conceitos do ramo jurídico. Tais conceitos, por óbvio, não podem ser manipulados de acordo com as conveniências, devendo sua construção se pautar em bases científicas minimamente aceitáveis[113].

O julgamento de um caso pela Justiça Eleitoral não deve se isolar dos demais, mas sim gerar um compromisso hermenêutico para o próximo, conferindo alguma segurança ao direito eleitoral, seus operadores e destinatários, e evitando o arbítrio e o subjetivismo que são danosos à atividade judicante.

<http://www.stf.jus.br/portal/processo/verProcessoAndamento.asp?inciden te=4050271> Acesso em: 05 mai. 2017.

[113] SALES, José Edvaldo Pereira. Conceito jurídicos indeterminados no Direito Eleitoral: em busca de referenciais (compromissos) hermenêuticos. **Revista Brasileira de Direito Eleitoral – RBDE.** Belo Horizonte: Editora Forum, a.4, n.6, jan./jun. 2012, p.113.

3.2.3. Da necessidade de limitação da interpretação dos conceitos jurídicos indeterminados no direito eleitoral

Como já visto, os conceitos jurídicos indeterminados permeiam todo o direito eleitoral. Dentre tais conceitos está o de irregularidade que configure ato doloso de improbidade administrativa, cuja interpretação varia na jurisprudência em razão do casuísmo com se decide no Brasil, sobretudo na seara eleitoral, causando insegurança na aplicação da causa de inelegibilidade prevista no artigo 1º, I, "g", da Lei Complementar nº 64 de 1990.

Diante desta situação e de outras semelhantes que se mostram rotineiras na realidade brasileira, necessário se faz a construção de uma teoria de limitação da liberdade interpretativa do direito eleitoral, notadamente no que se refere aos conceitos jurídicos indeterminados, cuja vagueza faz parecer a existência de uma discricionariedade judicial para escolha da melhor interpretação[114].

---

[114] Para Dworkin, a ideia de poder discricionário dos magistrados como solução para a textura aberta de determinadas normas é absolutamente irracional do ponto de vista jurídico, em razão da arbitrariedade a que se expõe o direito (DWORKIN, Ronald. **Levando os direitos a sério**. Trad. Nelson Boeira. São Paulo: Martins Fontes, 2002. p.50-51).

Para Dworkin[115], apesar desta aparente discricionariedade, estando o intérprete diante de casos difíceis, que não podem ser resolvidos através de regras jurídicas, "[...] pode parecer que uma decisão apropriada possa ser gerada seja por princípios seja por políticas". Todavia, esclarece o Autor que a decisão judicial não pode ser baseada somente em convicções pessoais e em atenção tão somente à repercussão daquela decisão no caso concreto. Ou seja, não se pode decidir tais casos pela política, mas sim pelo direito, notadamente pelos princípios.

Esta, aliás, é a realidade do pós-positivismo, que reconhece a normatividade dos princípios. Humberto Ávila ensina que os princípios não são meros valores, situando-se no plano deontológico e, portanto, impondo condutas e sendo dotado de aptidão para resolver casos concretos. Tal lição pode ser extraída das seguintes palavras do autor:

---

[115] DWORKIN, Ronald. **Levando os direitos a sério**. Trad. Nelson Boeira. São Paulo: Martins Fontes, 2002, p.131-132.

As considerações antes feitas demonstram que os princípios não são apenas valores cuja realização fica na dependência de meras preferências pessoais. Eles são, ao mesmo tempo, mais do que isso e algo diferente disso. Os princípios instituem o dever de adotas comportamentos necessários à realização de um estado de coisas ou, inversamente, instituem o dever de efetivação de um estado de coisas pela adoção de comportamentos a ele necessários[116].

Nota-se, portanto, que o preenchimento de conceitos jurídicos indeterminados deve se dar, na lição de Dworkin, através da utilização de princípios jurídicos que, de acordo com Ávila, têm força normativa e representam verdadeiros mandamentos do ordenamento jurídico, cuja finalidade deve ser concretizada pelo aplicador do Direito.

---

[116] ÁVILA, Humberto. **Teoria dos princípios:** da definição à aplicação dos princípios jurídicos. 10.ed. ampl. e atual. São Paulo: Malheiros, 2009. p.80.

O autor, inclusive, afirma em sua obra que pode até haver certa imprecisão quanto ao conteúdo dos princípios, ou seja, quanto ao comportamento a ser adotado, mas não quanto à finalidade, que deve ser perseguida valendo-se do que for necessário[117]. Fica claro, assim, que a decisão judicial não só pode, como deve se basear em princípios, desde que o julgador enxergue o princípio ou os princípios aplicáveis, compreenda sua finalidade almejada e a concretize em sua decisão.

É exatamente assim que deve ocorrer na interpretação dos conceitos jurídicos indeterminados, na medida em que não se aplica uma regra jurídica clara ao caso concreto, obrigando o intérprete a se valer dos princípios. Assim, cabe ao julgador analisar aqueles se enquadram, promover o sopesamento entre eles se houver conflito[118] para escolher o princípio ou os princípios que devem prevalecer no caso concreto. Feito isto, a interpretação do conceito jurídico indeterminado passa a ter como fio condutor e limitador de excessos o princípio aplicável ao caso, cuja finalidade deve ser perseguida pelo magistrado.

---

[117] ÁVILA, Humberto. **Teoria dos princípios:** da definição à aplicação dos princípios jurídicos. 10.ed. ampl. e atual. São Paulo: Malheiros, 2009. p.80.

A resposta mais adequada na decifragem dos conceitos vagos do Direito em geral, incluindo o eleitoral, perpassa pela dimensão atribuída aos princípios jurídicos. Anteriormente, princípios gerais do Direito eram meros instrumentos à disposição do intérprete para resolver falhas do sistema jurídica. Hoje, contudo, os princípios devem ser observados sempre, independentemente da existência de lacunas.

Deste modo, não se pode interpretar conceitos jurídicos indeterminados de acordo com interesses, convicções ou apenas com as particularidades do caso. É preciso perceber o princípio aplicável ao caso e o fim que este persegue, de modo a se proporcionar um fechamento de sentido que viabilize a escolha da resposta correta[119]. Não há, pois, espaço para discricionariedade excessiva ou arbitrariedade do julgador, que deve decidir com o propósito de concretizar as escolhas da sociedade manifestadas no ordenamento jurídico.

---

[118] Sobre o método de solução de conflitos entre princípios, cumpre trazer à baila os ensinamentos de Robert Alexy, que assevera que eles devem eles ser resolvidos com vistas aos pesos que estas normas têm no caso concreto. Mais precisamente, o afastamento de um princípio para aplicação de outro não implica a sua anulação ou a criação de uma regra de exceção, pois ambos permanecem no ordenamento jurídico em abstrato, assumindo um a precedência com relação ao outro nas peculiaridades de cada situação fática (ALEXY, Robert. **Teoria dos Direitos Fundamentais.** Trad. Virgílio Afonso da Silva. São Paulo. Malheiros, 2008. p.93-94).

3.3 DO DEVER DE FUNDAMENTAÇÃO DAS DECIÕES JUDICIAIS E OS CONCEITOS JURÍDICOS INDETERMINADOS DO DIREITO ELEITORAL

É cediço que ao processo judicial eleitoral, aplicam-se subsidiariamente as normas de processo civil, tendo em vista a previsão expressa do artigo 15 do Código de Processo Civil[120].

---

[119] SALES, José Edvaldo Pereira. Conceito jurídicos indeterminados no Direito Eleitoral: em busca de referenciais (compromissos) hermenêuticos. **Revista Brasileira de Direito Eleitoral – RBDE.** Belo Horizonte: Editora Forum, a.4, n.6, jan./jun. 2012, p.107.

[120] O referido dispositivo tem a seguinte redação: "Na ausência de normas que regulem processos eleitorais, trabalhistas ou administrativos, as disposições deste Código lhes serão aplicadas supletiva e subsidiariamente" (BRASIL. **Lei nº 13.105 de 16 de março de 2015.** Código de Processo Civil. Brasília, DF: 16 mar. 2015. Disponível em: <http://www.planalto.gov.br/ccivil_03/_ato2015-2018/2015/lei/l13105.htm> Acesso em: 05 mai. 2017).

Destaque-se, todavia, os ensinamentos de Conceição, Mello, Ribeiro e Wambier, segundo os quais o legislador disse menos do que queria no CPC de 2015, na medida em que as normas do processo civil não se aplicariam ao processo trabalhista, administrativo e eleitoral apenas em caso de omissões. Para os autores, a expressão subsidiária vai além, sugerindo a possibilidade de enriquecimento, de leitura dos dispositivos sob outra ótica, extraindo-se das normas de processo eleitoral, trabalhista e administrativo um sentido distinto do original, iluminado pelos princípios fundamentais do processo, que ganharam destaque no *novel codex*[121].

---

[121] CONCEIÇÃO, Maria Lúcia Lins; MELLO, Rogério Licastro Torres de; RIBEIRO, Leonardo Ferres da Silva; WAMBIER, Teresa Arruda Alvim. ***PRIMEIROS COMENTÁRIOS AO NOVO CÓDIGO DE PROCESSO CIVIL:*** artigo por artigo. São Paulo: Revista dos Tribunais, 2015. p.75.

Dentre os princípios fundamentais do processo expressamente previstos no Novo Código de Processo Civil está o da fundamentação das decisões judiciais[122], com assento no artigo 11, *caput*, do referido Diploma, que tem a seguinte redação: "Todos os julgamentos dos órgãos do Poder Judiciário serão públicos, e fundamentadas todas as decisões, sob pena de nulidade"[123]. Em verdade, a novidade promovida pelo Novo CPC foi somente incorporar em seu texto este princípio, malgrado ele já fosse previsto no artigo 93, IX, da Constituição da República.

---

[122] Não há consenso quanto à natureza do dever de fundamentação das decisões judiciais, havendo autores como Fredie Didier Jr. que o consideram uma regra e não um princípio (DIDIER JR., Fredie. **Curso de direito processual civil.** 19.ed. rev. ampl. e atual. Salvador: Editora Juspodivm, 2017. p.102).

[123] BRASIL. **Lei nº 13.105 de 16 de março de 2015.** Código de Processo Civil. Brasília, DF: 16 mar. 2015. Disponível em: <http://www.planalto.gov.br/ccivil_03/_ato2015-2018/2015/lei/l13105.htm> Acesso em: 05 mai. 2017.

Apesar da redação simples do princípio na legislação processual civil, tem-se que a interpretação que se dá ao instituto é no sentido da exigência de decisões substancialmente fundamentadas. Nas palavras de Alexandre Freitas Câmara, "não se admite a prolação de decisões falsamente motivadas ou com 'simulacro de fundamentação'"[124]. É em razão disso que o próprio CPC de 2015 prevê no artigo 489, § 1º, em uma lista exemplificativa, hipóteses em que, apesar de alguma aparência de fundamentação, não se considera fundamentada a decisão[125].

---

[124] CÂMARA, Alexandre Freitas. **O novo processo civil brasileiro.** 2.ed. rev. e atual. São Paulo: Atlas, 2016. p.16.

[125] O referido dispositivo tem a seguinte redação:
"Art. 489. São elementos essenciais da sentença:
[...]
§ 1º Não se considera fundamentada qualquer decisão judicial, seja ela interlocutória, sentença ou acórdão, que:
I - se limitar à indicação, à reprodução ou à paráfrase de ato normativo, sem explicar sua relação com a causa ou a questão decidida;
II - empregar conceitos jurídicos indeterminados, sem explicar o motivo concreto de sua incidência no caso;
III - invocar motivos que se prestariam a justificar qualquer outra decisão;
IV - não enfrentar todos os argumentos deduzidos no processo capazes de, em tese, infirmar a conclusão adotada pelo julgador;
V - se limitar a invocar precedente ou enunciado de súmula, sem identificar seus fundamentos determinantes nem demonstrar que o caso sob julgamento se ajusta àqueles fundamentos;
VI - deixar de seguir enunciado de súmula, jurisprudência ou precedente invocado pela parte, sem demonstrar a existência de distinção no caso em julgamento ou a superação do entendimento" (BRASIL. **Lei nº 13.105 de 16 de março de 2015.** Código de Processo Civil. Brasília, DF: 16 mar.

Sendo clara, portanto, a existência de um dever de fundamentação de todas as decisões judiciais por previsão expressa do Código de Processo Civil, bem como restando demonstrada a aplicação de suas normas ao processo eleitoral, que deve ser relido com ótica dos princípios fundamentais do processo, dúvidas não há de que também os juízes eleitorais devem fundamentar de maneira substancial suas decisões.

Inclusive, o TSE editou a resolução nº 24.478 de 10 de maio de 2016, estabelecendo diretrizes para a aplicação do Novo CPC ao processo eleitoral, reafirmando a aplicação subsidiária do das normas do referido *códex* na seara eleitoral e não fazendo qualquer ressalva quando à necessidade de fundamentação das decisões[126]. Evidentemente que nem poderia fazê-lo, na medida em que tal ato normativo do Tribunal não poderia contrariar previsão expressão de Lei e ainda menos da Constituição.

2015. Disponível em: <http://www.planalto.gov.br/ccivil_03/_ato2015-2018/2015/lei/l13105.htm> Acesso em: 05 mai. 2017).

[126] BRASIL. Tribunal Superior Eleitoral. **Resolução nº 23.478 de 10 de maio de 2016.** Estabelece diretrizes gerais para a aplicação da Lei nº 13.105, de 16 de março de 2015 - Novo Código de Processo Civil -, no âmbito da Justiça Eleitoral. Relator: Min. Dias Toffoli. Brasília, DF: 10 mai. 2016. Disponível em: <http://www.justicaeleitoral.jus.br/arquivos/resolucao-23-478-2016-aplicacao-do-novo-cpc-na-justica-eleitoral> Acesso em: 06 mai. 2017.

Aplicando-se, pois, ao processo eleitoral o princípio da motivação das decisões, inclusive em razão da irradiação das normas constitucionais por todo ordenamento que passa por verdadeiro filtragem constitucional, utilizando a expressão de Barroso[127], tem-se que as decisões da Justiça Eleitoral devem ser substancialmente fundamentadas, sendo inadmitidas as decisões casuístas examinadas em tópico anterior deste estudo, já que têm por motivação fatores outros que não o ordenamento jurídico.

---

[127] O autor, sintetiza o fenômeno da filtragem constitucional da seguinte maneira: "[...] a Constituição transforma-se no filtro através do qual se deve ler todo o direito infraconstitucional. Esse fenômeno tem sido designado como *constitucionalização do Direito*, uma verdadeira mudança de paradigma que deu novo sentido e alcance a ramos tradicionais e autônomos do Direito, como o civil, o administrativo, o penal e o processual [...]" (grifos do autor) (BARROSO, Luís Roberto. **Curso de direito constitucional contemporâneo:** os conceitos fundamentais e a construção do novo modelo. 2.ed. São Paulo: Saraiva, 2010. p.87).

Tal constatação seria necessária ainda que não houve previsão expressa de tal princípio no ordenamento, uma vez que este é um mecanismo de controle das decisões estatais inerente ao Estado Democrático de Direito, em que todo poder constituído é limitado e exercido em nome do povo e em seu benefício[128]. A obrigatoriedade de fundamentação das decisões, assim, está à serviço do combate da discricionariedade e da arbitrariedade estatais e deve ser aplicada com ainda mais vigor na seara eleitora, tendo em vista sua íntima relação com o princípio democrático, tem caro à sociedade brasileira.

Atentar para esta necessidade de fundamentação substancial ajudaria a resolver o problema já abordado da instabilidade das decisões da Justiça Eleitoral, sobretudo no que se refere aos conceitos jurídicos indeterminados, aumentando a segurança jurídica na aplicação do direito eleitoral. Sobre o tema, Ferreira e Mezzarola[129] afirmam:

---

[128] FERREIRA, Marcelo Ramos Peregrino; MEZZAROBA, Orides. Conceitos Jurídicos Indeterminados no Direito Eleitoral: um olhar a partir da necessidade de fundamentação nas decisões judiciais prevista no Código de Processo Civil. *In*: AGRA, Walber de Moura; PEREIRA, Luiz Fernando; TAVARES, André Ramos (Orgs.). **O Direito Eleitoral e o Novo Código de Processo Civil.** 1.ed. Belo Horizonte: Editora Forum, 2016, v. 1, p. 383.

[129] FERREIRA, Marcelo Ramos Peregrino; MEZZAROBA, Orides. Conceitos Jurídicos Indeterminados no Direito Eleitoral: um olhar a partir

E também por esta razão a necessidade de estabilidade das decisões judiciais pelo reforço da fundamentação exigida, pela criação de mecanismos processuais (súmula, repercussão geral, precedentes), todos informados pela aspiração à segurança jurídica e à igualdade, dentre outros valores que chamam pela uniformidade jurisprudencial. Esses mecanismos servem para diminuir a discricionariedade neste cenário de protagonismo judicial.

A interpretação dos conceitos jurídicos indeterminados no direito eleitoral, que tem maior vagueza no texto – aumentando o perigo da discricionariedade judicial –, portanto, deve se dar em decisões que tenham como base o Direito, sobretudo os princípios jurídicos.

---

da necessidade de fundamentação nas decisões judiciais prevista no Código de Processo Civil. *In*: AGRA, Walber de Moura; PEREIRA, Luiz Fernando; TAVARES, Andre Ramos (Orgs.). **O Direito Eleitoral e o Novo Código de Processo Civil.** 1.ed. Belo Horizonte: Editora Forum, 2016, v. 1, p. 387.

É assim que se torna possível, na lição de Schmitz[130], alcançar uma atividade jurisdicional dotada de estabilidade, consistente na não mudança arbitrária e abrupta das decisões; e previsibilidade, que permite aos cidadãos calcular os efeitos de suas ações de acordo com as consequências atribuídas pelos tribunais na aplicação das normas jurídica.

Tais atributos, todavia, só podem ser verificados através da fundamentação substancial e adequada, exigida agora pelo Novo Código de Processo Civil como sempre o fora pela Lei Fundamental.

---

[130] SCHMITZ, Leonard Ziesemer. **Fundamentação das decisões judiciais:** a crise na construção de
respostas no processo civil. São Paulo: Editora Revista dos Tribunais, 2015. p.182.

4 DA CONCEITUAÇÃO DE IRREGULARIDADE INSANÁVEL QUE CONFIGURE ATO DOLOSO DE IMPPROBIDADE ADMINISTRATIVA

Diante da aplicação casuísta do direito eleitoral perante a respectiva Justiça especializada, variando-se a interpretação dos seus institutos de acordo com os sujeitos envolvidos, convicções pessoais e opções políticas em sentido geral dos julgadores, percebe-se a fragilidade e pouco rigor científico na conceituação de irregularidade insanável que configure ato doloso de improbidade administrativa para fins de configuração de inelegibilidade por rejeição de contas, inclusive sob pena de violação do dever de fundamentação substancial das decisões judiciais[131].

---

[131] É preciso destacar que o Novo CPC veicula previsão expressa no artigo 489, § 1º, I, no sentido de que não se pode considerar fundamentada a decisão que "empregar conceitos jurídicos indeterminados, sem explicar o motivo concreto de sua incidência no caso", demonstrando a exigência de que a aplicação de conceitos jurídicos indeterminados ocorra mediante fundamentação suficiente para demonstrar o sentido em que se emprega tais conceitos e como se chegou ao significado utilizado (BRASIL. **Lei nº 13.105 de 16 de março de 2015.** Código de Processo Civil. Brasília, DF: 16 mar. 2015. Disponível em: <http://www.planalto.gov.br/ccivil_03/_ato2015-2018/2015/lei/l13105.htm> Acesso em: 05 mai. 2017).

Não há, pelo que se percebe, uma construção técnica do conceito para conferir segurança jurídica, mas apenas a conceituação com base nas nuances dos casos concretos, emergindo a necessidade de preenchimento deste conceito jurídico indeterminado com base nas melhores opções hermenêuticas, escolhendo respostas fundamentadas de acordo com o ordenamento jurídico para concretização dos ideais perseguidos pelo Direito, bem como atento à necessidade de estabilização dos entendimentos jurisprudenciais[132].

---

[132] Lenio Luiz Streck defende a soma dos ensinamentos de Heidegger, Gadamer e Dworking para superar o modelo de solipsismo no qual prevalece o arbítrio e o relativismo quanto à ideia que se tem de Direito, de modo que a interpretação jurídica, na visão do autor, apesar de não poder ignorar o processo humano da compreensão, deve encontrar seus fundamentos no próprio ordenamento (STRECK, Lenio Luiz. **O que é isto:** decido conforme minha consciência? 2.ed. rev. e ampl. Porto Alegre: Livraria do Advogado, 2010. p.90).

4.1 DO DESMEMBRAMENTO DO CONCEITO

Para estudar o conceito de irregularidade insanável que configure ato doloso de improbidade administrativa, é importante desmembrar a expressão para, primeiro, identificar o que pode ser considerado irregularidade insanável e, em seguida, o que seria ato doloso de improbidade administrativa. É o que se fará nas linhas a seguir.

4.1.1 Da irregularidade insanável

A irregularidade na prestação de contas, capaz de ensejar a configuração da inelegibilidade prevista no artigo 1º, I, "g", da Lei Complementar nº 64 de 1990 (Lei das Inelegibilidades), deve ser insanável, de modo que irregularidades meramente formais não se prestam à caracterização desta hipótese legal[133] até porque, conforme leciona Edson de Resende Castro[134], seria uma sanção desproporcional à conduta.

A definição de irregularidade insanável, portanto, segundo escólio de Joel J. Cândido, remonta àquela irregularidade

---

[133] Sobre o tema o TSE já se manifestou de há muito, considerando que irregularidades meramente formais não são capazes de configurar a inelegibilidade em questão, conforme seguinte trecho da ementa do recurso ordinário nº 8794: "A IRREGULARIDADE QUE ENSEJA A APLICACAO DA ALINEA "G", INC. I, DO ART. 1, DA LC 64/90 E A INSANAVEL, QUE TEM A VER COM ATOS DE IMPROBIDADE (CF. ART. 15, V E 37, PARAGRAFO 4) NAO SE PRESTANDO PARA TAL FINALIDADE AQUELA DE CARATER MERAMENTE FORMAL" (BRASIL. Tribunal Superior Eleitoral. **Recurso ordinário nº 8794.** Relator: Min. Antônio Vilas Boas Teixeira de Carvalho. Brasília, DF: Julgado em 15 ago. 1990. Disponível em: <http://www.tse.jus.br/jurisprudencia/pesquisa-de-jurisprudencia/jurisprudencia> Acesso em: 07 mai. 2017)

[134] CASTRO, Edson de Resende. **Teoria e prática do direito eleitoral.** 5.ed. rev. e atual. Belo Horizonte: Del Rey, 2010. p.183.

> [...] insusceptível de retificações, correções, conserto, compensações ou outro termo assemelhado, posto que já houve o enriquecimento ilícito (art. 9º); ou o prejuízo ao erário (art. 10), ou, ainda, o atentado contra os princípios da Administração Pública (art. 11) (todos da Lei nº 8.429, de 2.06.1992)[135].

Percebe-se que o autor alude aos artigos da Lei de Improbidades para conceituar a irregularidade insanável, de modo que confunde o conceito com as hipóteses de configuração de ato de improbidade administrativa. Ou seja, sempre que a rejeição de contas ocorresse em razão do enriquecimento ilícito do agente público, em razão da imposição de prejuízo ao erário ou por violação aos princípios da Administração Pública, seria constatada a irregularidade insanável. Assim, configurando-se ato de improbidade administrativa o motivo da rejeição das contas, estaria também configurada a irregularidade insanável[136].

---

[135] CÂNDIDO, Joel J. **Direito eleitoral brasileiro.** 16.ed. rev. atual. e ampl. São Paulo: Edipro, 2016. p.129.

Tal definição se coaduna com alguns precedentes do Tribunal Superior Eleitoral, que, desde antes da vigência da Lei Complementar nº 135 de 2010 (Lei da Ficha Limpa), já se manifestava no sentido de que a irregularidade insanável para fins de configuração da inelegibilidade em comento, seria aquela que também caracterizasse ato de improbidade administrativa. Neste sentido foi o julgamento do recurso especial eleitoral nº 21.976 ocorrido em 2004, no qual o Tribunal deixou claro que "é assente na jurisprudência ser irregularidade insanável aquela que indica ato de improbidade administrativa ou qualquer forma de desvio de valores"[137].

---

[136] Esta ideia também já era defendida por Edson Resende de Castro mesmo antes da edição da Lei da Fica Limpa, como se depreende das seguintes palavras: "Tem-se entendido que irregularidade insanável, capaz de gerar a inelegibilidade desta alínea, é aquela que traz em si a nota da *improbidade administrativa* [...]" (grifos do autor) (CASTRO, Edson de Resende. **Teoria e prática do direito eleitoral.** 5.ed. rev. e atual. Belo Horizonte: Del Rey, 2010. p.183).

[137] BRASIL. Tribunal Superior Eleitoral. **Recurso especial eleitoral nº 21976.** Relator: Min. Francisco Peçanha Martins. Brasília, DF: Julgado em 26 ago. 2004. Disponível em: <http://www.tse.jus.br/jurisprudencia/pesquisa-de-jurisprudencia/jurisprudencia> Acesso em: 07 mai. 2017.

Isto demonstra que, tanto doutrina quanto jurisprudência concordam quanto à vinculação do conceito de irregularidade insanável com a ideia de prática de ato de improbidade administrativa. Por esta razão é que a Lei da Ficha Limpa adicionou ao texto da alínea "g", do inciso I, do artigo 1º, da Lei de Inelegibilidade, a exigência de que a irregularidade insanável configure ato doloso de improbidade administrativa. O legislador, portanto, apenas incorporou ao texto legal um entendimento já consolidado na academia e nos tribunais.

Contudo, na prática, ainda é necessária a delimitação do significado de irregularidade insanável, por ser um conceito jurídico indeterminado[138]. Sendo assim, surge a dúvida sobre de quem seria a incumbência de avaliar se a irregularidade apontada pelo órgão competente na rejeição das contas seria insanável ou não.

---

[138] AGRA, Walber de Moura; VELLOSO, Carlos Mário da Silva. **Elementos de direito eleitoral.** 5.ed. São Paulo: Saraiva, 2016. p.111.

Há na doutrina, como é o exemplo de Joel J. Cândido[139], defensores da ideia de que o próprio órgão julgador de contas deve fazer constar tal informação em sua decisão de rejeição para esta se preste a tornar inelegível o agente público. Todavia, para um número significativo de doutrinadores, como é o caso de Elke Braid Petersen e Djalma Pinto[140], a incumbência de avaliar se a irregularidade ensejadora da rejeição de contas é insanável ou não, caberia à Justiça Eleitoral. Este último entendimento é corroborado pelo TSE, senão veja-se:

> De acordo com a assente jurisprudência deste Tribunal, cabe à Justiça Eleitoral analisar a decisão do órgão competente para o julgamento das contas, com a finalidade de proceder ao enquadramento jurídico dos fatos aos requisitos legais contidos na alínea g do inciso I do art. 1º da LC nº 64/90[141].

---

[139] CÂNDIDO, Joel J. **Direito eleitoral brasileiro.** 16.ed. rev. atual. e ampl. São Paulo: Edipro, 2016. p.129.

[140] PETERSEN, Elke Braid; PINTO, Djalma. **Comentários à Lei da Ficha Limpa.** São Paulo: Atlas, 2014. p.82.

[141] BRASIL. Tribunal Superior Eleitoral. **Recurso especial eleitoral nº**

O presente trabalho filia-se ao entendimento de que ao órgão julgador de contas, incumbe apenas o dever de julgar as contas como regulares, irregulares ou regulares com ressalvas, não lhe sendo atribuída a obrigação de mencionar se sanáveis ou não eventuais irregularidades. Se a existência de inelegibilidade é aferida na análise do registro da candidatura ou quando do julgamento de ação de impugnação ao registro e a competência de ambas é da Justiça Eleitoral, é razoável reconhecer sua atribuição para avaliar o preenchimento dos requisitos legais para configuração da inelegibilidade em comento.

Isto, no entanto, não implica dizer, como já defendido no presente estudo, que a Justiça Eleitoral pode decidir de maneira absolutamente livre sobre a configuração da irregularidade insanável, apesar amplitude significativa que tem a expressão[142]. A conceituação de irregularidade insanável, portanto, deve se ater aos limites impostos pelo próprio ordenamento jurídico, notadamente os princípios que justificam e delimitam a inelegibilidade por rejeição de contas.

2437. Relator: Min. José Antônio Dias Toffoli. Brasília, DF: Julgado em 29 nov. 2012. Disponível em: <http://www.tse.jus.br/jurisprudencia/pesquisa-de-jurisprudencia/jurisprudencia> Acesso em: 07 mai. 2017.

Neste sentido, Raquel Cavalcanti Ramos Machado ensina que na análise da insanabilidade das irregularidades que ensejam a rejeição de contas, a Justiça Eleitoral deve se limitar à dimensão de moralidade concreta que permita o afastamento do cidadão da vida pública. Assim, conclui a autora que a invocação genérica do princípio da moralidade, desconsiderando o real dano imposto à sociedade, desconsiderando-se a realidade política, possibilita uma interpretação mais ampla do que possível, violando o princípio democrático ao alijar cidadãos das disputas eleitorais desnecessariamente[143].

---

[142] MACHADO, Raquel Cavalcanti Ramos. **Direito eleitoral.** São Paulo: Atlas, 2016. p.214.

[143] MACHADO, Raquel Cavalcanti Ramos. **Direito eleitoral.** São Paulo: Atlas, 2016. p.214.

Tal entendimento foi corroborado, a título exemplificativo, por decisão do Tribunal Regional Eleitoral do Ceara no julgamento no recurso eleitoral nº 38747[144]. Em tal julgamento foi reformada decisão do juiz eleitoral de primeira instância, que tinha ampliado de maneira injustificável o conceito de irregularidade insanável para indeferir o registro de candidatura por terem sido rejeitadas as contas do candidato enquanto presidente de Câmara Municipal em razão da não encadernação dos livros razão, diário e caixa; ausência de estoque de materiais; bem como por conta da falta de tombamento de alguns bens e da desatualização do livro de inventário de bens patrimoniais.

---

[144] CEARÁ. Tribunal Regional Eleitoral do Ceará. **Recurso eleitoral nº 38747.** Relator: Juiz Raimundo Nonato Silva Santos. Fortaleza, CE: Julgado em 03 set. 2012. Disponível em: <http://www.tre-ce.jus.br/jurisprudencia/inteiro-teor> Acesso em: 07 mai. 2017.

O julgamento de primeiro grau enxergou, numa visão distorcida e ampliando demais o conceito de insanabilidade, que tais irregularidades como imoralidade suficiente para configuração da inelegibilidade. Mas o TRE/CE corrigiu o excesso interpretativo, reformando a decisão e admitindo o registro da candidatura porque não vislumbrou irregularidade insanável, mas apenas incorreções formais que não justificariam o óbice à capacidade eleitoral passiva, que representa tão importante direito político.

Diante de tais considerações, conclui-se pelo conceito de irregularidade insanável como aquela que implique danos aos cofres públicos, seja pelo enriquecimento ilícito, seja em razão do prejuízo ao erário ou, ainda, aquela que atente contra a moralidade administrativa, razoabilidade, publicidade, economicidade ou qualquer outro princípio da Administração Pública, descartando-se as irregularidades meramente formais cuja falta de gravidade não autorize o cerceamento de direitos políticos.

4.1.2 Do ato doloso de improbidade administrativa

Como já se demonstrou no presente estudo, a jurisprudência de há muito já relacionava o conceito de irregularidade insanável à configuração de ato de improbidade administrativa. Todavia, o legislador incorporou este entendimento ao texto legal através da Lei da Ficha Limpa, alterando a alínea "g", do inciso I, do artigo 1º, da Lei Complementar nº 64 de 1990 para exigir expressamente que a irregularidade insanável configure ato doloso de improbidade administrativa[145].

Elke Braid Petersen e Djalma Pinto conceituam ato doloso de improbidade administrativa como "[...] todo aquele em que restam configurados a má-fé, o direcionamento do agente para lesar o erário ou para provocar o enriquecimento ilícito próprio ou de terceiro em detrimento do patrimônio público"[146]. Na doutrina administrativista, destaca-se a definição de Fazzo Júnior, Pazzaglini Filho e Rosa, segundo os quais

[145] PETERSEN, Elke Braid; PINTO, Djalma. **Comentários à Lei da Ficha Limpa.** São Paulo: Atlas, 2014. p.83.

[146] PETERSEN, Elke Braid; PINTO, Djalma. **Comentários à Lei da Ficha Limpa.** São Paulo: Atlas, 2014. p.83.

[...] improbidade administrativa é o designativo técnico para a chamada corrupção administrativa, que, sob diversas formas, promove o desvirtuamento da Administração Pública e afronta os princípios nucleares da ordem jurídica (Estado de Direito, Democrático e Republicano), revelando-se pela obtenção de vantagens patrimoniais indevidas às expensas do erário, pelo exercício nocivo das funções e empregos públicos, pelo tráfico de influência nas esferas da Administração Pública e pelo favorecimento de poucos em detrimento dos interesses da sociedade, mediante a concessão de obséquios e privilégios ilícitos[147].

---

[147] FAZZO JÚNIOR, Waldo; PAZZAGLINI FILHO, Marino; ROSA, Márcio Fernando Elias;. **Improbidade Administrativa:** aspectos Jurídicos da defesa do patrimônio Público. São Paulo: Atlas, 1999. p.39.

Improbidade, pois, se contrapõe à ideia de probidade, que é a honestidade e o respeito à moralidade que se espera de agentes públicos no exercício de suas funções, sem a utilização de sua posição na Administração Pública para obter vantagens ou privilégios em seu favor ou em favor de outras pessoas. Na lição de Maria Sylvia Zanella Di Pietro[148], não basta ao agente público o respeito à legalidade formal, com atenção à Lei, de modo que também se exige deste a observância aos princípios éticos de lealdade e boa-fé, ou seja, a probidade no trato da coisa pública.

---

[148] DI PIETRO, Maria Sylvia Zanella. **Direito Administrativo.** 18.ed. São Paulo: Atlas, 2005. p.709.

Esclarecida a visão doutrinária quanto à improbidade administrativa, inclusive como contraponto à ideia de honestidade e moralidade administrativa, necessário se faz destacar que o texto do artigo 1º, I, "g", da Lei de Inelegibilidade com as alterações promovidas pela Lei da Ficha Limpa, exige para configuração da irregularidade insanável que o ato de improbidade seja qualificado pelo elemento subjetivo do dolo. Quer isto dizer que o ato de improbidade não pode ser culposo, possibilidade prevista no *caput* do artigo 10, da Lei de Improbidade (Lei nº 8.429 de 1992)[149].

Apesar da ressalva quanto à necessidade de dolo, para alguns doutrinadores não haveria tal necessidade, na medida em que afiram ser inconstitucional a previsão de improbidade administrativa na modalidade culposa[150]. Esta discussão, todavia, não grande importância para o presente trabalho, na medida em que se se admite a existência de atos de improbidade culposos, eles não se aplicam para fins de configuração da inelegibilidade ora apreciada.

[149] BRASIL. **Lei nº 8.429 de 02 de junho de 1992.** Dispõe sobre as sanções aplicáveis aos agentes públicos nos casos de enriquecimento ilícito no exercício de mandato, cargo, emprego ou função na administração pública direta, indireta ou fundacional e dá outras providências. Brasília, DF: 02 jun. 1992. Disponível em: <http://www.planalto.gov.br/ccivil_03/leis/L8429.htm> Acesso em: 05 mai. 2017

É sempre necessário, pois, que se configure a má-fé, o dolo, ainda que genérico, "[...] que se caracteriza quando o administrador assume os riscos de não atender aos comandos constitucionais e legais, que vinculam e pautam os gastos públicos"[151]. Se o ato é doloso é possível a configuração da inelegibilidade, mas se for culposo já se descarta de imediato a aplicação do artigo 1º, I, "g", da Lei de Inelegibilidade, por falta de previsão legal.

Importante frisar, também, que a configuração do ato doloso de improbidade administrativa, neste caso, é da Justiça Eleitoral. É o que ensina José Jairo Gomes ao afirmar que

---

[150] KAHN, Andrea Patrícia Toledo Távora Niess; NIESS, Pedro Henrique Távora; SOUZA, Luciana Toledo Távora Niess de. **Direito eleitoral.** São Paulo: Edipro, 2016. p.182.

[151] ALESSI, Dylliardi; ARRAES, Roosevelt. Inelegibilidade por rejeição de contas. **Revista Percurso**. Curitiba: UNICURITIBA, v.13, n.1, jan./dez. 2013, p.78. Disponível em: <http://revista.unicuritiba.edu.br/index.php/percurso/issue/view/63> Acesso em: 02 mai. 2017.

[...] é da Justiça Eleitoral a competência para apreciar a matéria; e a competência aí é absoluta, porque RATIONE MATERIAE. É, pois, a Justiça Especializada que dirá se a irregularidade apontada é insanável, se configura ato doloso de improbidade administrativa e se constitui ou não inelegibilidade. Isso deve ser feito exclusivamente com vistas ao reconhecimento de inelegibilidade, não afetando outras esferas em que os mesmos fatos possam ser apreciados[152].

---

[152] GOMES, José Jairo. **Direito eleitoral.** 7.ed. rev. atual. e ampl. São Paulo: Atlas, 2011. p.186-187.

Isto significa que cabe à Justiça Eleitoral apreciar, no caso que lhe é submetido, se o vício que ensejou a rejeição das contas configura ato doloso de improbidade administrativa. Não se quer dizer que a Justiça especializada pode condenar por improbidade administrativa, na medida em que a ela incumbe tão somente apreciar a qualificação jurídica das circunstâncias e fatos importantes para o deslinde do caso para fins de estruturação da inelegibilidade em questão. Isto não impede nem condiciona, todavia, o processamento da ação de improbidade na Justiça comum, que é competente para fazê-lo.

Assim também entende o Tribunal Superior Eleitoral, como se verifica da seguinte ementa de acórdão, cuja relatora fora a Ministra Laurita Hilário Vaz:

ELEIÇÕES 2012. REGISTRO DE CANDIDATURA. VEREADOR. CAUSA DE INELEGIBILIDADE DO ART. 1º, INCISO I, ALÍNEA G, DA LEI COMPLEMENTAR Nº 64/90. DESNECESSIDADE DE IMPUTAÇÃO EM SEDE DE AÇÃO PENAL OU CIVIL PÚBLICA. PRECEDENTES. DECISÃO DO TRIBUNAL DE CONTAS. CONCESSÃO DE REAJUSTE A VEREADORES E PAGAMENTO A TÍTULO DE PARTICIPAÇÃO EM SESSÕES EXTRAORDINÁRIAS. OFENSAS À CONSTITUIÇÃO FEDERAL. IRREGULARIDADES INSANÁVEIS E ATOS DOLOSOS DE IMPROBIDADE ADMINISTRATIVA. PREVISÃO DESSAS DEPESAS EM LEI MUNICIPAL OU RESOLUÇÃO DA CÂMARA DE VEREADORES. FATO INCAPAZ DE AFASTAR A

OBRIGAÇÃO DE CUMPRIR OS DITAMES E PRINCÍPIOS CONSTITUCIONAIS. AGRAVO REGIMENTAL DESPROVIDO.

1. Para a incidência dos efeitos legais relativos à causa de inelegibilidade calcada no art. 1º, inciso I, alínea g, da Lei Complementar nº 64/90, não é imprescindível que a ocorrência de ato doloso de improbidade administrativa seja decidida por meio de provimento judicial exarado no bojo de ação penal ou civil pública.

2. O reajuste dos vencimentos dos vereadores para a mesma legislatura bem como o pagamento a eles a título de participação em sessões extraordinárias configuram irregularidades insanáveis, acarretando dano ao erário, em patentes violações à Constituição Federal, aptas a atrair a incidência da causa de inelegibilidade prevista no art. 1º, inciso I, alínea g, da Lei Complementar nº 64/90.

3. O fato de as despesas estarem previstas em lei municipal ou em resolução da Câmara de Vereadores não elide o dever do agente público de observar os princípios que norteiam a administração pública e, principalmente, a Constituição Federal.

4. Agravo regimental desprovido[153].

---

[153] BRASIL. Tribunal Superior Eleitoral. **Agravo regimental em recurso especial eleitoral nº 12197.** Relator: Min. Laurita Hilário Vaz. Brasília, DF: Julgado em 28 mar. 2013. Disponível em: <http://www.tse.jus.br/jurisprudencia/pesquisa-de-jurisprudencia/jurisprudencia> Acesso em: 07 mai. 2017.

Percebe-se, pois, que no entendimento do Tribunal, deve a Justiça Eleitoral apreciar no caso concreto a configuração de ato doloso de improbidade administrativa para fins de aplicação da inelegibilidade em apreço. Para que seja considerado inelegível o pretenso candidato, inclusive, não se faz necessária decisão em ação penal ou civil pública condenando-o por improbidade administrativa. Tampouco a decisão da Justiça Eleitoral faz coisa julgada na esfera própria da ação de improbidade, de modo que pode o pretenso candidato nela responder e ter julgamento completamente distinto daquele empregado no âmbito eleitora[154].

---

[154] RAMAYANA, Marcos. **Direito eleitoral.** 12.ed. rev. ampl. e atual. Niterói: Impetus, 2011. p.359.

Levando-se em consideração os aspectos analisados até então, é possível conceituar ato doloso de improbidade administrativa como aquela conduta de agente público que, presente o elemento subjetivo da vontade ou ao mesmo da assunção do risco de produzir o resultado, lesa o erário, promove o enriquecimento ilícito dele próprio ou te terceiro, ou ainda que simplesmente viola os princípios mais comezinhos à Administração Pública, desvirtuando com má-fé a atuação administrativa de modo a se afastar de sua maior finalidade: a busca pela concretização do interesse público.

4.2 DO TRATAMENTO JURISPRUDENCIAL SOBRE IRREGULARIDADE INSANÁVEL QUE CONFIGURE ATO DOLOSO DE IMPROBIDADE

O casuísmo na aplicação do direito eleitoral pelos tribunais é característica marcante no Brasil, de modo que é necessária a redução deste fenômeno para diminuir a instabilidade e aumentar a previsibilidade das decisões[155]. Impõe-se mudança no comportamento dos julgadores para que passem à interpretação do direito eleitoral de maneira mais técnica, sobretudo à luz dos princípios que permeiam a matéria.

---

[155] PAIM, Gustavo Bohrer. Direito processual eleitoral e a parte geral do Novo CPC. *In*: AGRA, Walber de Moura; PEREIRA, Luiz Fernando; TAVARES, Andre Ramos (Orgs.). **O Direito Eleitoral e o Novo Código de Processo Civil.** 1.ed. Belo Horizonte: Editora Forum, 2016, v. 1, p. 53.

Este casuísmo é ainda mais presente quando se está diante de conceitos jurídicos indeterminados como é o caso da irregularidade insanável que configure ato doloso de improbidade administrativa. Sendo assim, é importante a análise crítica, positiva ou negativa, de alguns julgamentos da Justiça Eleitoral sobre o tema para colher substratos que permitam a propositura de um conceito técnico de irregularidade insanável que configure ato doloso de improbidade administrativa, de maneira que possa o cidadão e os profissionais do direito prever a incidência da inelegibilidade em lume.

4.2.1 Análise de decisões sobre o tema

Em razão da abertura do conceito, a definição prática do que seria irregularidade insanável que configure ato doloso de improbidade administrativa acaba sendo dada pela Justiça Eleitoral. Far-se-á adiante a análise de alguns exemplos de atos considerados, na jurisprudência do Tribunal Superior Eleitoral, ilegais aptos a configurar a inelegibilidade em comento. Um deles é a contratação de pessoal sem concurso público, tema apreciado no seguinte julgamento:

ELEIÇÕES 2016. AGRAVO REGIMENTAL. RECURSO ESPECIAL ELEITORAL. REGISTRO DE CANDIDATURA. VEREADOR (COLIGAÇÃO ALTO ALEGRE UNIDO PARA VOLTAR A CRESCER - PMDB/PTN/PSDC/PTC/PSDB/PSD/SD). INDEFERIDO. INELEGIBILIDADE. ART. 1º, I, G, DA LEI COMPLEMENTAR Nº 64/1990. REJEIÇÃO DE CONTAS PELO TCE. DIRETOR FINANCEIRO. CÂMARA MUNICIPAL. CONTRATAÇÃO DE PESSOAL SEM CONCURSO PÚBLICO. IRREGULARIDADES GRAVES EM PROCESSOS LICITATÓRIOS. ATO DOLOSO DE IMPROBIDADE ADMINISTRATIVA. CONFIGURAÇÃO. OMISSÃO. AUSÊNCIA. REEXAME DE FATOS

E PROVAS. IMPOSSIBILIDADE. AUSENTE PROVIMENTO JUDICIAL SUSPENSIVO.

1. Não se configura a omissão quando o Tribunal de origem dirime as questões que lhe foram submetidas de forma fundamentada, apreciando integralmente a controvérsia.

2. A contratação de pessoal sem concurso público e o descumprimento da lei de licitações constituem irregularidades insanáveis que configuram ato doloso de improbidade administrativa, a atrair a causa de inelegibilidade prevista no art. 1º, I, g, da LC nº 64/1990. Precedentes.

3. Cabe à Justiça Eleitoral, rejeitadas as contas, proceder ao enquadramento das irregularidades como insanáveis ou não e verificar se constituem atos dolosos de improbidade administrativa, não lhe competindo, todavia, a análise do acerto ou desacerto da decisão da Corte de Contas. Precedentes.

4. A mera inclusão do nome do agente público na lista remetida à Justiça Eleitoral pelo Órgão de Contas, nos termos do § 5º do art. 11 da Lei nº 9.504/97, não gera, por si só, presunção de inelegibilidade e nem com base nela se pode afirmar ser elegível o candidato, por se tratar de procedimento meramente informativo. Precedentes.

5. Ir além do contido no acórdão recorrido, para buscar no julgamento das contas eventuais detalhes que supostamente possam afastar esta conclusão, implicaria o procedimento de reexame de fatos e provas, vedado nesta sede a teor do que dispõe a Súmula nº 24/TSE[156].

Em tal decisão, o TSE considerou irregularidade insanável que configura ato doloso de improbidade administrativa a contratação de pessoa sem concurso público. Para além do descumprimento de ordem legal, tal atitude viola previsão expressa da Constituição da República, que no seu artigo 37, II, impõe a realização de certame para provimento de cargos e empregos públicos[157].

---

[156] BRASIL. Tribunal Superior Eleitoral. **Agravo regimental em recurso especial eleitoral nº 42781.** Relator: Min. Rosa Weber. Brasília, DF: Julgado em 28 mar. 2017. Disponível em: <http://www.tse.jus.br/jurisprudencia/pesquisa-de-jurisprudencia/jurisprudencia> Acesso em: 07 mai. 2017.

[157] BRASIL. **Constituição da República Federativa do Brasil.** Brasília, DF: 5 out. 1988. Disponível em: <http://www.planalto.gov.br/ccivil_03/constituicao/constituicaocompilado.htm>. Acesso em: 15 abr. 2017.

Ademais, a não realização de concurso público viola os princípios da isonomia e da impessoalidade, conforme anota Marçal Justen Filho[158]. Por tais razões, além de violar disposição constitucional, tal conduta corresponde a verdade ataque aos princípios da Administração pública, de modo que certamente correspondem a ato de improbidade apto a ensejar a inelegibilidade na hipótese de rejeição de contas.

O mesmo ocorre quando se contrata diretamente com fornecedores da Administração sem a realização de processo licitatório, como decidiu o TSE no julgamento do agravo regimento em recurso especial eleitora nº 17292[159], bem como quando presidente de Câmara Municipal decide remunerar os vereadores desrespeitando o teto constitucional, conforme julgamento do agravo regimental no recurso especial eleitoral nº 4496, proferido mesmo Tribunal[160].

---

[158] JUSTEN FILHO, Marçal. **Curso de Direito Administrativo**. 5.ed. São Paulo: Saraiva, 2010. p.866.

[159] BRASIL. Tribunal Superior Eleitoral. **Agravo regimental em recurso especial eleitoral nº 17292.** Relator: Min. Napoleão Nunes Maia Filho. Brasília, DF: Julgado em 21 mar. 2017. Disponível em: <http://www.tse.jus.br/jurisprudencia/pesquisa-de-jurisprudencia/jurisprudencia> Acesso em: 07 mai. 2017.

[160] BRASIL. Tribunal Superior Eleitoral. **Agravo regimental em recurso especial eleitoral nº 4496.** Relator: Min. Luciana Lóssio. Brasília, DF:

Tratam-se de condutas que, além de prejuízo ao erário, evidenciam nítido desrespeito aos princípios da Administração, afetando a moralidade administrativa a ponto de justificar a mitigação de direitos políticos. Assim, em casos como este, percebe-se a preocupação com os princípios jurídicos, que inspiram a adoção de decisões compatíveis com o ordenamento e que prestigiam o objetivo moralizante da Lei das Inelegibilidades e reiterado pela Lei da Ficha Limpa.

Todavia, o TSE em outras oportunidades distancia-se do Direito, aproximando-se exacerbadamente e, valendo-se da vagueza da expressão "irregularidade insanável que configure ato dolosos de improbidade administrativa", amplia demais o alcance da norma para aplicar a qualquer custo a inelegibilidade. É o que se percebe, por exemplo, no julgamento do agravo regimental no recurso especial eleitoral nº 13527, de relatoria da Ministra Rosa Weber, cuja ementa transcreve-se a seguir:

Julgado em 14 mar. 2017. Disponível em: <http://www.tse.jus.br/jurisprudencia/pesquisa-de-jurisprudencia/jurisprudencia> Acesso em: 07 mai. 2017.

ELEIÇÕES 2016. AGRAVO REGIMENTAL. RECURSO ESPECIAL ELEITORAL. REGISTRO DE CANDIDATURA. VEREADOR. INDEFERIDO NA ORIGEM. DEFERIDO NO TRE/RJ. DECISÃO MONOCRÁTICA QUE DEU PROVIMENTO AO RECURSO ESPECIAL ELEITORAL E INDEFERIU O REGISTRO. INELEGIBILIDADE. ART. 1º, I, g, DA LEI COMPLEMENTAR Nº 64/1990. CONFIGURAÇÃO.

1. Não inclusão do nome do gestor na lista encaminhada pela Corte de Contas à Justiça Eleitoral. Irrelevância. Precedente.

2. Inelegibilidade da alínea g do inciso I do art. 1º da LC nº 64/1990. Incidência a partir da irrecorribilidade da decisão de rejeição de contas. Precedentes.

3. Rejeição de contas pelo Tribunal de Contas. Presidente da Câmara Municipal. Exercício financeiro de 1997. Pagamentos indevidos. Irregularidade insanável. Ato doloso de improbidade administrativa. Dolo genérico. Inelegibilidade. Art. 1º, I, g, da Lei Complementar nº 64/1990

Agravo regimental conhecido e não provido[161].

Em tal decisão, um candidato a vereador teve o registro de sua candidatura negada em razão de, na condição de Presidente da Câmara de Vereadores por ter cometido suposto ato de improbidade administrativa consistente no recebimento de verba de representação em valor superior ao permitido.

---

[161] BRASIL. Tribunal Superior Eleitoral. **Agravo regimental em recurso especial eleitoral nº 13527.** Relator: Min. Rosa Weber. Brasília, DF: Julgado em 14 mar. 2017. Disponível em: <http://www.tse.jus.br/jurisprudencia/pesquisa-de-jurisprudencia/jurisprudencia> Acesso em: 07 mai. 2017.

Ocorre que este valor era ínfimo, conforme havia sido reconhecido no acórdão do Tribunal Regional Eleitoral do Rio de Janeiro, além de ter sido recebido por força de legislação municipal editada anteriormente à assunção do cargo pelo candidato. Ao que tudo indicava, inclusive pela decisão do Tribunal *a quo*, tratava-se de mero erro de cálculo em razão da mudança de moeda que havia ocorrido em tempo próximos ao discutido nos autos. Não se vislumbrava no caso, portanto, dolo ou má-fé para se alcançar valor tão reduzido como vantagem.

Em casos como este fica claro casuísmo maléfico na interpretação de um conceito jurídico indeterminado. As irregularidades que ensejam aplicação da inelegibilidade em questão, como esclarece José Jairo Gomes, são aquelas "[...] graves, decorrentes de condutas perpetrada com dolo ou má-fé [...]"[162]. É evidente que não é esta a situação do caso ora examinado, de modo que demonstra um alargamento da abrangência da hipótese de inelegibilidade que é danosa e viola o direito fundamental à elegibilidade.

---

[162] GOMES, José Jairo. **Direito eleitoral.** 7.ed. rev. atual. e ampl. São Paulo: Atlas, 2011. p.199.

Por decisões como esta que se defende a necessidade de delimitação do conceito de irregularidade insanável que configure ato doloso de improbidade, utilizando-se um fechamento de sentido com base nos princípios jurídicos. Somente assim é possível alcançar a estabilidade e a previsibilidade jurisprudencial que se espera com relação a este tema.

4.2.2 A indefinição conceitual e o princípio da segurança jurídica

A indefinição de conceitos que se percebe na jurisprudência da Justiça Eleitoral é extremamente danosa à sociedade. Da instabilidade gerada em razão disso, resulta grave violação à segurança jurídica. Gustavo Bohrer Paim[163], ao tratar sobre este fenômeno, esclarece que "[...] contribui para a insegurança jurídica a instabilidade jurisprudencial em razão das interpretações, muitas vezes, dissonantes e claudicantes, com mudanças de orientação, que podem gerar uma menor confiabilidade e calculabilidade ao direito".

---

[163] PAIM, Gustavo Bohrer. Direito processual eleitoral e a parte geral do Novo CPC. *In*: AGRA, Walber de Moura; PEREIRA, Luiz Fernando; TAVARES, Andre Ramos (Orgs.). **O Direito Eleitoral e o Novo Código de Processo Civil.** 1.ed. Belo Horizonte: Editora Forum, 2016, v. 1, p. 54.

A análise feita neste estudo de decisões sobre a aplicação da causa de inelegibilidade prevista no artigo 1º, I, "g", da Lei de Inelegibilidades, aponta que a definição de um conceito de irregularidade insanável que configure ato doloso de improbidade administrativa varia, ora se conferindo mais elasticidade, ora restringindo sua aplicação. Muitas vezes há falta de fundamentação, valendo-se o julgador de motivos genéricos para aplicar a inelegibilidade em casos em que não se justifica a mitigação do princípio democrático. Tais decisões, com déficit de fundamentação, também são prejudiciais à segurança jurídica, porque dificultam seu controle e a compreensão das razões que levaram o julgador a decidir[164].

Tudo isto, além de contraria o princípio da fundamentação das decisões judiciais, conforme já enfrentado na presente pesquisa, viola frontalmente regras do processo civil previstas no artigo 489, § 1º, do CPC de 2015.

---

[164] PAIM, Gustavo Bohrer. Direito processual eleitoral e a parte geral do Novo CPC. *In*: AGRA, Walber de Moura; PEREIRA, Luiz Fernando; TAVARES, Andre Ramos (Orgs.). **O Direito Eleitoral e o Novo Código de Processo Civil.** 1.ed. Belo Horizonte: Editora Forum, 2016, v. 1, p. 54-55.

Mais precisamente, as decisões da Justiça Eleitoral imprecisas e que visam o alargamento do enquadramento da inelegibilidade em questão, ora se valem de conceitos jurídicos indeterminados de conteúdo abrangente sem a devida justificativa, contrariando o inciso II, que considera não fundamentada a decisão que "empregar conceitos jurídicos indeterminados, sem explicar o motivo concreto de sua incidência no caso", ora utilizam fundamentação genérica que poderiam servir para diversos outros casos, muitas vezes diferente ao que se aprecia. Esta última conduta, afronta o inciso III, que considera não fundamenta a decisão que" invocar motivos que se prestariam a justificar qualquer outra decisão"[165].

---

[165] BRASIL. **Lei nº 13.105 de 16 de março de 2015.** Código de Processo Civil. Brasília, DF: 16 mar. 2015. Disponível em: <http://www.planalto.gov.br/ccivil_03/_ato2015-2018/2015/lei/l13105.htm> Acesso em: 05 mai. 2017.

Diante disso, fazendo-se necessária a limitação do casuísmo da aplicação da inelegibilidade em tela, é preciso lançar mão à dogmática jurídica para, na lição de Paim[166], com mais precisão e técnica, estimular a atividade hermenêutica dos julgadores, reduzindo os riscos da discricionariedade. Com base em tais premissas, é que se proporá a seguir um conceito científico de irregularidade insanável que configura ato doloso de improbidade para se conferir mais segurança jurídica na sua aplicação prática.

4.3 DA PROPOSTA DE CONCEITO DE IRREGULARIDADE INSANÁVEL QUE CONFIGURE ATO DOLOSO DE IMPROBIDADE

[166] PAIM, Gustavo Bohrer. Direito processual eleitoral e a parte geral do Novo CPC. *In*: AGRA, Walber de Moura; PEREIRA, Luiz Fernando; TAVARES, Andre Ramos (Orgs.). **O Direito Eleitoral e o Novo Código de Processo Civil.** 1.ed. Belo Horizonte: Editora Forum, 2016, v. 1, p. 56.

Propor um conceito de irregularidade insanável que configure ato doloso de improbidade administrativa perpassa pelo exercício feito neste estudo de separação dos conceitos, bem como pela análise, também já feita, do tratamento jurisprudencial do tema, absorvendo os julgamentos técnicos e compatíveis com os princípios jurídicos e descartando os julgamentos casuístas e distantes da boa técnica jurídica e do próprio Direito.

Diante disso, tem-se que a irregularidade insanável é aquela que não consiste em simples erro técnico ou formal[167], mas sim em vício que gere dano ao erário, enriquecimento ilícito do próprio agente ou de terceiro ou violação aos princípios da Administração pública. Percebe-se, portanto, que há íntima conexão do conceito de irregularidade insanável com o conceito do próprio ato de improbidade administrativa, o que inclusive é reconhecido de há muito na jurisprudência do TSE[168].

---

[167] KAHN, Andrea Patrícia Toledo Távora Niess; NIESS, Pedro Henrique Távora; SOUZA, Luciana Toledo Távora Niess de. **Direito eleitoral.** São Paulo: Edipro, 2016. p.181.

[168] AGRA, Walber de Moura; VELLOSO, Carlos Mário da Silva. **Elementos de direito eleitoral.** 5.ed. São Paulo: Saraiva, 2016. p.111.

Com as alterações promovidas pela Lei da Ficha Limpa o entendimento do Tribunal Superior Eleitoral foi contemplado e, a necessidade de configuração de ato de improbidade foi acrescentada como requisito para fins de configuração da irregularidade insanável que gera rejeição de contas apta a ensejar inelegibilidade. A referida Lei Complementar, todavia, foi além e adicionou também como requisito o elemento subjetivo do dolo, de modo que somente os atos dolosos de improbidade administrativa têm o condão de provocar a inelegibilidade em espeque.

Assim, valendo-se da jurisprudência do Tribunal Superior de Justiça, corte especial para análise das ações de improbidade que, como se sabe, são de competência da Justiça comum, considera-se ato de improbidade administrativa a conduta do agente público que seja ilegal mas que, além disso, seja "[...] qualificada pelo intuito malsão do agente, atuando com desonestidade, malícia, dolo ou culpa grave"[169]. Fica claro, portanto, que o ato de improbidade é, em verdade, a atuação desonesta do agente público que, valendo-se de sua função, busca, com má-fé, obter vantagens, privilégios ou, de alguma forma, lesar o erário em seu benefício ou não. Para fins da configuração da inelegibilidade em questão adiciona-se, ainda a necessidade de intenção, do ato de vontade no rompimento da estabilidade ética da Administração.

---

[169] BRASIL. Tribunal Superior de Justiça. **Recurso especial nº 1193248.** Relator: Min. Napoleão Nunes Maia Filho. Brasília, DF: Julgado em 24 abr. 2014. Disponível em: <http://www.stj.jus.br/SCON/jurisprudencia/toc.jsp?livre=201000840422. REG> Acesso em: 07 mai. 2017.

Para a propositura de um conceito de irregularidade insanável que configure ato doloso de improbidade administrativa, ainda se faz necessário cotejar os princípios eleitoral aplicáveis ao tema. Isto porque, conforme já defendido neste estudo, a interpretação de conceito jurídicos indeterminados, é preciso se utilizar dos princípios para nortear a atividade hermenêutico, delimitando o conceito de acordo com sua indicação axiológica.

Assim, aplica-se ao caso com maior destaque o princípio da moralidade, segundo o qual o candidato deve ter compromisso com a ética e com a honestidade[170]. É justamente este o princípio que justifica a existência no ordenamento das causas de inelegibilidade que se preocupam com a vida pregressa dos pretensos candidatos com o objetivo de retirar do pleito desonestos e corruptos, dentre elas a inelegibilidade por rejeição de contas, objeto desta pesquisa.

---

[170] MACHADO, Raquel Cavalcanti Ramos. **Direito eleitoral.** São Paulo: Atlas, 2016. p.19.

De outra banda, mas não menos importante para elaboração do conceito de irregularidade insanável que configure ato doloso de improbidade, está o princípio democrático e, como consequência o sufrágio universal no viés passivo (direito de ser votado), oferecendo verdadeiro contraponto a ensejar a ponderação com o princípio anterior[171]. É que tal princípio permite a participação do maior número possível de pessoas nos certames eleitorais, em igualdade de condições. Assim, enquanto o primeiro princípio limita a participação, o segundo amplia.

---

[171] No caso de conflito entre princípios não se cogita o afastamento por completo de um para aplicação do outro. Os princípios devem ser sopesados no caso de choque para se decidir, em cada caso, qual deve prevalecer, mas isto não implica na anulação do princípio que cede, devendo ser mitigado o mínimo possível. No direito eleitoral, como em qualquer outro ramo jurídico, tal raciocínio deve se aplicar (KAHN, Andrea Patrícia Toledo Távora Niess; NIESS, Pedro Henrique Távora; SOUZA, Luciana Toledo Távora Niess de. **Direito eleitoral.** São Paulo: Edipro, 2016. p.46).

O conceito que se proporá, portanto, terá como inspiração e, ao mesmo tempo, limite, a noção de que se deve atender ao anseio da moralidade das eleições, retirando dos pleitos aqueles que realmente tenham a história na vida pública maculada pela desonestidade e pelo má-gestão da coisa pública, mas com cuidado para que não se limite excessivamente o direito político em essência, que consiste na capacidade eleitoral, neste caso, notadamente a capacidade eleitoral passiva. Assim, a moralidade deve justificar o afastamento das eleições daqueles que praticaram atos cuja gravidade e má-fé de suas condutas justifiquem a sanção, mas não deve ser razão para excluir dos pleitos aqueles que por erros formais, decorrentes da excessiva burocracia brasileira, por exemplo, tiveram suas contas rejeitas.

Assim, propõe-se o conceito de irregularidade insanável que configure ato doloso de improbidade administrativa como aquela conduta do agente público flagrantemente desonesta, imoral e marcada pela má-fé que prejudica significativamente a Administração Pública ou a sociedade, se distanciando do interesse público, seja por provocar lesão ao erário, seja por promover o enriquecimento ilícito do agente ou de terceiro, ou seja, ainda, por representar violação aos seus princípios comezinhos, cujo erro não possa ser considerado meramente técnico ou formal.

5 CONSIDERAÇÕES FINAIS

No presente estudo foi demonstrado que inelegibilidade consiste no impedimento da capacidade eleitoral passiva, ou seja, do direito de ser votado. É, portanto, condição jurídica negativa, de modo que, para concorrer a cargos eletivos o pretenso candidato, além de preencher as condições de elegibilidade, não pode incidir nas causas de inelegibilidade.

Trata-se de medida excepcional que, sob pena de representar violação ao princípio democrático, só se justifica em casos graves para preservar a moralidade, a lisura e a isonomia, afastando dos pleitos eleitorais aqueles que, em razão de outros valores preservados pela sociedade, não devam se manter ou se inserir da vida pública.

O objeto da pesquisa, todavia, se ocupou de uma causa de inelegibilidade em especial, qual seja a rejeição de contas por irregularidade insanável que configure ato doloso de improbidade administrativa.

Assim, demonstrou-se que a prestação de contas é uma obrigação de todas aquelas pessoas física e jurídicas que utilizem, arrecadem, guardem, gerenciem ou administrem dinheiro, bens e valores públicos ou pelos quais a Administração responda, ou que, em nome desta, assumam obrigações de natureza pecuniária.

Para fins da causa de inelegibilidade estudada, foi asseverado que é preciso que tais contas tenham sido prestadas por sujeito que exerce ou exerceu cargo ou função pública e que esta tenham sido rejeitas por irregularidade insanável. Quando ao órgão competente para o julgamento das contas, evidenciou-se na pesquisa que no caso de chefes do poder executivo, seria a respectiva casa legislativa e, no caso de outros agentes que figurem como ordenadores de despesa, o respectivo Tribunal de Contas.

No presente trabalho foram analisados, ainda, os demais requisitos para configuração da inelegibilidade por rejeição de contas, concluindo-se que, além da necessidade ter o sujeito exercido cargo ou função pública que o obrigue a prestar contas, conforme explicado acima, tais contas devem ser rejeitas por irregularidade insanável que configure ato doloso de improbidade administrativa. Outro requisito é que a decisão de rejeição das contas já tenha formado coisa julgada administrativa, ou seja, não pode a decisão ser passível de revisão no âmbito administrativo. Para configuração da inelegibilidade, demonstrou-se, também, o requisito negativo da inexistência de decisão que suspenda os efeitos ou anule a decisão de rejeição de contas. É dizer, se ordem judicial neste sentido houver, não se pode considerar inelegível o sujeito, mesmo que tenham sido rejeitadas suas contas.

O estudo compreendeu, ainda, a análise dos conceitos jurídicos indeterminados, assim considerados aquelas expressões plurissignificativas, dotadas de fluidez e abertura semântica, fazendo emergir a impressão de que o intérprete tem total liberdade no preenchimento de seu significado. Todavia, foi demonstrado que as técnicas hermenêuticas mais respeitáveis indicam a necessidade de limitação na atividade interpretativa de tais conceitos, evitando a discricionariedade e, em último caso, a arbitrariedade judicial.

A discricionariedade judicial, aliás, foi analisada na pesquisa, quando se constatou, na jurisprudência da Justiça Eleitora, a aplicação casuísta do direito, de modo que a interpretação jurídica se dá com mais atenção ao caso concreto, seus sujeitos e circunstância, do que com base no próprio ordenamento. Tal fenômeno fica evidenciado com a prolação de decisões contraditórias e conflitantes, que geram instabilidade e falta de previsibilidade o que, na seara eleitora, prejudica o próprio princípio democrático.

Como solução para o problema, apontou-se a necessidade de se interpretar o direito eleitoral com os olhos voltados para o ordenamento jurídico, dando atenção especial para os princípios, reconhecendo-se sua força normativa e sua condição de verdadeiro fundamento e inspiração do Direito contemporâneo. Diante disso, foram estudados os princípios do direito eleitoral mais pertinentes ao tema, quais sejam o princípio republicano, o princípio democrático, o princípio da moralidade eleitoral, o princípio da lisura das eleições ou da igualdade e o princípio do sufrágio universal.

Constatada a necessidade de limitação da atividade interpretativa do direito eleitoral, sobretudo no que tange ao preenchimento dos conceitos jurídicos indeterminados, a análise principiológica deste ramo jurídico serviu justamente para demonstrar as bases hermenêuticas que se deve adotar, de modo a instigar o intérprete a realizar a finalidade dos princípios, ao tempo em que se submete à delimitação que eles impõem.

O estudo demonstrou, portanto, que os conceitos jurídicos indeterminados eleitorais não devem ser manipulados para justificar decisões casuístas, na medida em que sua interpretação deve ter como inspiração e, ao mesmo tempo, como limite, os princípios do direito eleitoral.

Contribuindo para este debate, o trabalho se preocupou, ainda, com o princípio da fundamentação das decisões judiciais, demonstrando que tal princípio, previsto de há muito na Constituição e incorporado ao texto do Novo Código de Processo Civil, exige que as decisões tenham exposição de motivos substancial. Assim, não pode o julgador, por exemplo, se valer de fundamentações genéricas ou utilizar conceitos jurídicos indeterminados sem explicar os motivos de sua utilização.

A necessidade de fundamentação das decisões, portanto, reitera a necessidade de a Justiça Eleitoral adotar a interpretação dos conceitos jurídicos indeterminados de maneira mais técnica, atenta aos princípios e ao ordenamento jurídico como um todo, permitindo que entendimentos bem fundamentados possam se consolidar de maneira a se estabilizar a aplicação do direito eleitoral.

Superados estes pontos, a pesquisa se ocupou de delimitar o significado do conceito jurídico indeterminado objeto de estudo, qual seja o de irregularidade insanável que configure ato doloso de improbidade administrativa pra fins de aplicação da inelegibilidade dela decorrente. Antes, porém, tratou sobre a visão doutrinária sobre o tema e, ainda, sobre o tratamento jurisprudencial, demonstrando a instabilidade e a falta de cuidado técnico na aplicação deste conceito pela Justiça Eleitoral.

Restou clara, portanto, a necessidade de fechamento do referido conceito jurídico indeterminado com rigor técnico e atenção ao sopesamento entre os princípios da moralidade e do sufrágio universal para que o assunto passasse a ser tratado de maneira mais uniforme, estável e juridicamente correta, de forma a se atingir a segurança jurídica almejada da Justiça Eleitoral por ser instrumento à serviço do princípio democrático.

É assim que, ao final do estudo, se propões o conceito de irregularidade insanável que configure ato doloso de improbidade administrativa como aquela conduta do agente público flagrantemente desonesta, imoral e marcada pela má-fé que prejudica significativamente a Administração Pública ou a sociedade, se distanciando do interesse público, seja por provocar lesão ao erário, seja por promover o enriquecimento ilícito do agente ou de terceiro, ou seja, ainda, por representar violação aos seus princípios comezinhos, cujo erro não possa ser considerado meramente técnico ou formal.

REFERÊNCIAS

AGRA, Walber de Moura; VELLOSO, Carlos Mário da Silva. **Elementos de direito eleitoral.** 5.ed. São Paulo: Saraiva, 2016.

ALESSI, Dylliardi; ARRAES, Roosevelt. Inelegibilidade por rejeição de contas. **Revista Percurso.** Curitiba: UNICURITIBA, v.13, n.1, jan./dez. 2013, p.64-87. Disponível em: <http://revista.unicuritiba.edu.br/index.php/percurso/issue/view/63> Acesso em: 02 mai. 2017.

ALEXY, Robert. **Teoria dos Direitos Fundamentais.** Trad. Virgílio Afonso da Silva. São Paulo. Malheiros, 2008.

ALMEIDA, Roberto Moreira de. **Curso de direito eleitoral.** 6.ed. rev. ampl. e atual. Salvador: Editora Juspodivm, 2012.

ARAGÃO, Alexandre Santos de. **Curso de direito administrativo.** 2.ed. rev. atual. e ampl. Rio de Janeiro: Forense, 2013.

ÁVILA, Humberto. **Teoria dos princípios:** da definição à aplicação dos princípios jurídicos. 10.ed. ampl. e atual. São Paulo: Malheiros, 2009.

BARROSO, Luís Roberto. **Curso de direito constitucional contemporâneo:** os conceitos fundamentais e a construção do novo modelo. 2.ed. São Paulo: Saraiva, 2010.

______. Neoconstitucionalismo e constitucionalização do Direito (o triunfo tardio do direito constitucional no Brasil). **Revista Eletrônica sobre a Reforma do Estado (RERE)**. Salvador: Instituto Brasileiro de Direito Público, nº.09, mar./abr./mai. 2007. Disponível em: <http://www.direitodeestado.com.br/rere.asp>. Acesso em: 04 mai. 2017.

BECCARIA, Cesare. **Dos delitos e das penas.** Trad. Torrieri Guimarães. 2.ed. São Paulo: Martin Claret, 2009.

BILLIER, Jean-Cassien; MARYIOLI, Aglaé. **História da Filosofia do Direito.** Trad. Maurício de Andrade. Barueri: Manole, 2005.

BONFIM, Thiago. **Os princípios constitucionais e sua força normativa:** análise da prática jurisprudencial. Salvador: Editora Podivm, 2008.

BRANCO, Paulo Gustavo Gonet; MENDES, Gilmar Ferreira. **Curso de direito constitucional.** 10.ed. rev. e atual. São Paulo: Editora Saraiva, 2015.

BRASIL. **Constituição da República Federativa do Brasil.** Brasília, DF: 5 out. 1988. Disponível em: <http://www.planalto.gov.br/ccivil_03/constituicao/constit uicaocompilado.htm>. Acesso em: 15 abr. 2017.

______. **Decreto-Lei nº 200 de 25 de fevereiro de 1967.** Dispõe sôbre a organização da Administração Federal, estabelece diretrizes para a Reforma Administrativa e dá outras providências. Brasília, DF: 25 fev. 1967. Disponível em: <http://www.planalto.gov.br/ccivil_03/decreto-lei/Del0200.htm> Acesso em: 02 mai. 2017.

______. **Lei nº 8.429 de 02 de junho de 1992.** Dispõe sobre as sanções aplicáveis aos agentes públicos nos casos de enriquecimento ilícito no exercício de mandato, cargo, emprego ou função na administração pública direta, indireta ou fundacional e dá outras providências. Brasília, DF: 02 jun. 1992. Disponível em: <http://www.planalto.gov.br/ccivil_03/leis/L8429.htm> Acesso em: 05 mai. 2017.

______. **Lei nº 13.105 de 16 de março de 2015.** Código de Processo Civil. Brasília, DF: 16 mar. 2015. Disponível em: <http://www.planalto.gov.br/ccivil_03/_ato2015-2018/2015/lei/l13105.htm> Acesso em: 05 mai. 2017.

______. **Lei nº 9.504 de 30 de setembro de 1997.** Estabelece normas para as eleições. Brasília, DF: 30 set. 1997. Disponível em: <http://www.planalto.gov.br/ccivil_03/leis/L9504.htm> Acesso em: 24 abr. 2017.

______. **Lei Complementar nº 64 de 18 de maio de 1990.** Estabelece, de acordo com o art. 14, § 9º da Constituição Federal, casos de inelegibilidade, prazos de cessação, e determina outras providências. Brasília, DF: 18 mai. 1990. Disponível em: <http://www.planalto.gov.br/ccivil_03/leis/lcp/lcp64.htm> Acesso em: 12 abr. 2017.

______. **Lei Complementar nº 135 de 04 de junho de 2010.** Altera a Lei Complementar nº 64, de 18 de maio de 1990, que estabelece, de acordo com o § 9º do art. 14 da Constituição Federal, casos de inelegibilidade, prazos de cessação e determina outras providências, para incluir hipóteses de inelegibilidade que visam a proteger a probidade administrativa e a moralidade no exercício do mandato. Brasília, DF: 04 jun. 2010. Disponível em: <http://www.planalto.gov.br/ccivil_03/leis/lcp/Lcp135.htm> Acesso em: 22 abr. 2017.

______. Superior Tribunal de Justiça. **Recurso especial nº 1193248.** Relator: Min. Napoleão Nunes Maia Filho. Brasília, DF: Julgado em 24 abr. 2014. Disponível em: <http://www.stj.jus.br/SCON/jurisprudencia/toc.jsp?livre= 201000840422.REG> Acesso em: 07 mai. 2017.

______. Supremo Tribunal Federal. **Recurso extraordinário nº 637485.** Relator: Min. Gilmar Ferreira Mendes. Brasília, DF: Julgado em 01 ago. 2012. Disponível em: <http://www.stf.jus.br/portal/processo/verProcessoAndame nto.asp?incidente=4050271> Acesso em: 05 mai. 2017.

______. Supremo Tribunal Federal. **Recurso extraordinário nº 729744.** Relator: Min. Gilmar Mendes. Brasília, DF: Julgado em 10 ago. 2016. Disponível em: <http://www.stf.jus.br/portal/processo/verProcessoAndamento.asp?incidente=4352126> Acesso em: 22 abr. 2017.

______. Supremo Tribunal Federal. **Recurso extraordinário nº 848826.** Relator: Min. Roberto Barroso. Brasília, DF: Julgado em 10 ago. 2016. Disponível em: <http://www.stf.jus.br/portal/processo/verProcessoAndamento.asp?incidente=4662945> Acesso em: 22 abr. 2017.

______. Tribunal Superior Eleitoral. **Agravo regimental em recurso especial eleitoral nº 4496.** Relator: Min. Luciana Lóssio. Brasília, DF: Julgado em 14 mar. 2017. Disponível em: <http://www.tse.jus.br/jurisprudencia/pesquisa-de-jurisprudencia/jurisprudencia> Acesso em: 07 mai. 2017.

______. Tribunal Superior Eleitoral. **Agravo regimental em recurso especial eleitoral nº 12197.** Relator: Min. Laurita Hilário Vaz. Brasília, DF: Julgado em 28 mar. 2013. Disponível em: <http://www.tse.jus.br/jurisprudencia/pesquisa-de-jurisprudencia/jurisprudencia> Acesso em: 07 mai. 2017.

______. Tribunal Superior Eleitoral. **Agravo regimental em recurso especial eleitoral nº 13527.** Relator: Min. Rosa Weber. Brasília, DF: Julgado em 14 mar. 2017. Disponível em: <http://www.tse.jus.br/jurisprudencia/pesquisa-de-jurisprudencia/jurisprudencia> Acesso em: 07 mai. 2017.

______. Tribunal Superior Eleitoral. **Agravo regimental em recurso especial eleitoral nº 17292.** Relator: Min. Napoleão Nunes Maia Filho. Brasília, DF: Julgado em 21 mar. 2017. Disponível em: <http://www.tse.jus.br/jurisprudencia/pesquisa-de-jurisprudencia/jurisprudencia> Acesso em: 07 mai. 2017.

______. Tribunal Superior Eleitoral. **Agravo regimental em recurso especial eleitoral nº 23760/RN.** Relator: Min. Nacy Andrighi. Brasília, DF: Julgado em 18 dez. 2012. Disponível em: <http://www.tse.jus.br/jurisprudencia/pesquisa-de-jurisprudencia/jurisprudencia> Acesso em: 02 mai. 2017.

______. Tribunal Superior Eleitoral. **Agravo regimental em recurso especial eleitoral nº 42781.** Relator: Min. Rosa Weber. Brasília, DF: Julgado em 28 mar. 2017. Disponível em: <http://www.tse.jus.br/jurisprudencia/pesquisa-de-jurisprudencia/jurisprudencia> Acesso em: 07 mai. 2017.

______. Tribunal Superior Eleitoral. **Agravo regimental na ação rescisória nº 87692.** Relator: Min. João Otavio de Noronha. Brasília, DF: Julgado em 24 jun. 2014. Disponível em: <http://www.tse.jus.br/jurisprudencia/pesquisa-de-jurisprudencia/jurisprudencia> Acesso em: 24 abr. 2017.

______. Tribunal Superior Eleitoral. **Recurso especial eleitoral nº 2437.** Relator: Min. José Antônio Dias Toffoli. Brasília, DF: Julgado em 29 nov. 2012. Disponível em: <http://www.tse.jus.br/jurisprudencia/pesquisa-de-jurisprudencia/jurisprudencia> Acesso em: 07 mai. 2017.

______. Tribunal Superior Eleitoral. **Recurso especial eleitoral nº 4932.** Relator: Min. Luciana Christina Guimarães Lóssio. Brasília, DF: Julgado em 10 out. 2016. Disponível em: <http://www.tse.jus.br/jurisprudencia/pesquisa-de-jurisprudencia/jurisprudencia> Acesso em: 05 mai. 2017.

______. Tribunal Superior Eleitoral. **Recurso especial eleitoral nº 20491.** Relator: Min. Antonio Herman de Vasconcellos e Benjamin. Brasília, DF: Julgado em 13 dez. 2016. Disponível em: <http://www.tse.jus.br/jurisprudencia/pesquisa-de-jurisprudencia/jurisprudencia> Acesso em: 05 mai. 2017.

______. Tribunal Superior Eleitoral. **Recurso especial eleitoral nº 21976.** Relator: Min. Francisco Peçanha Martins. Brasília, DF: Julgado em 26 ago. 2004. Disponível em: <http://www.tse.jus.br/jurisprudencia/pesquisa-de-jurisprudencia/jurisprudencia> Acesso em: 07 mai. 2017.

______. Tribunal Superior Eleitoral. **Recurso ordinário nº 912/RR.** Relator: Min. Cesar Asfor Rocha. Brasília, DF: Julgado em 24 ago. 2006. Disponível em: <http://www.tse.jus.br/arquivos/tse-recurso-ordinario-no-912/view> Acesso em: 22 abr. 2017.

______. Tribunal Superior Eleitoral. **Recurso ordinário nº 8794.** Relator: Min. Antônio Vilas Boas Teixeira de Carvalho. Brasília, DF: Julgado em 15 ago. 1990. Disponível em: <http://www.tse.jus.br/jurisprudencia/pesquisa-de-jurisprudencia/jurisprudencia> Acesso em: 07 mai. 2017.

______. Tribunal Superior Eleitoral. **Recurso ordinário nº 87692/AC.** Relator: Min. Gilmar Ferreira Mendes. Brasília, DF: Julgado em 16 set. 2014. Disponível em: <http://www.tse.jus.br/jurisprudencia/pesquisa-de-jurisprudencia/jurisprudencia> Acesso em: 05 mai. 2017.

______. Tribunal Superior Eleitoral. **Resolução nº 23.478 de 10 de maio de 2016.** Estabelece diretrizes gerais para a aplicação da Lei nº 13.105, de 16 de março de 2015 - Novo Código de Processo Civil -, no âmbito da Justiça Eleitoral. Relator: Min. Dias Toffoli. Brasília, DF: 10 mai. 2016. Disponível em: <http://www.justicaeleitoral.jus.br/arquivos/resolucao-23-478-2016-aplicacao-do-novo-cpc-na-justica-eleitoral> Acesso em: 06 mai. 2017.

______. Tribunal Superior Eleitoral. **Súmula nº 13.** Não é auto-aplicável o § 9º do art. 14 da Constituição, com a redação da Emenda Constitucional de Revisão n° 4/94. Brasília, DF: Publicado no DJ de 28, 29 e 30 out. 2996. Disponível em: <http://www.tse.jus.br/legislacao/codigo-eleitoral/sumulas/sumulas-do-tse/sumula-nb0-13> Acesso em: 05 mai. 2017.

CÂMARA, Alexandre Freitas. **O novo processo civil brasileiro.** 2.ed. rev. e atual. São Paulo: Atlas, 2016.

CAMARGO, Margarida Maria Lacombe. **Hermenêutica e Argumentação:** Uma Contribuição ao Estado de Direito. 3.ed. rev. e atual. Rio de Janeiro: Renovar, 2003.

CÂNDIDO, Joel J. **Direito eleitoral brasileiro.** 16.ed. rev. atual. e ampl. São Paulo: Edipro, 2016.

CARVALHO NETO, Tarcisio Vieira de. Controle jurisdicional da administração pública: algumas ideias. **Revista de Informação Legislativa**. Brasília: Senado Federal, a.50, n.199, jul./set. 2013. p.121-141 Disponível em: <http://www2.senado.leg.br/bdsf/item/id/502968> Acesso em: 24 abr. 2017.

CASTRO, Edson de Resende. **Teoria e prática do direito eleitoral.** 5.ed. rev. e atual. Belo Horizonte: Del Rey, 2010.

CEARÁ. Tribunal Regional Eleitoral do Ceará. **Recurso eleitoral nº 38747.** Relator: Juiz Raimundo Nonato Silva Santos. Fortaleza, CE: Julgado em 03 set. 2012. Disponível em: <http://www.tre-ce.jus.br/jurisprudencia/inteiro-teor> Acesso em: 07 mai. 2017.

COÊLHO, Marcus Vinicius Furtado. **Direito eleitoral e processo eleitoral:** direito penal eleitoral e direito político. 2.ed. rev. atual. e ampl. Rio de Janeiro: Renovar, 2010.

COELHO, Inocêncio Mártires. Ordenamento jurídico, constituição e norma fundamental. *In*: MENDES, Gilmar Ferreira; COELHO, Inocêncio Mártires; BRANCO, Paulo Gustavo Gonet. **Curso de direito constitucional.** 4. ed. rev. e atual. São Paulo: Saraiva, 2009. p.1-167.

CONCEIÇÃO, Maria Lúcia Lins; MELLO, Rogério Licastro Torres de; RIBEIRO, Leonardo Ferres da Silva; WAMBIER, Teresa Arruda Alvim. *PRIMEIROS COMENTÁRIOS AO NOVO CÓDIGO DE PROCESSO CIVIL:* artigo por artigo. São Paulo: Revista dos Tribunais, 2015.

COSTA, Antônio França da. Controle de legalidade e conceitos jurídicos indeterminados. **Revista Controle.** Fortaleza: Tribunal de Contas do Estado do Ceará, v.13, n.2, dez./2015, p.163-170. Disponível em: <http://www.tce.ce.gov.br/edicoes/revista-controle-volume-xiii-n-2-dezembro-2015/send/241-revista-controle-volume-xiii-n-2-dezembro-2015/3376-edicao-completa> Acesso em 05 mai. 2017.

CUNHA JÚNIOR, Dirley da. **Curso de Direito Constitucional.** 11.ed. rev. ampl. e atual. Salvador: Editora Juspodivm, 2017.

DI PIETRO, Maria Sylvia Zanella. **Direito Administrativo.** 18.ed. São Paulo: Atlas, 2005.

______. Limites da utilização de princípios do processo judicial no processo administrativo. **Revista do Tribunal de Contas do Estado do Rio de Janeiro.** Rio de Janeiro: TCE/RJ, v.2, n.6, jul./dez. 2013. p.8-42. Disponível em: <http://www.tce.rj.gov.br/web/guest/publicacoes/-/consulta_publicacoes/consultar;jsessionid=BE92A9FD83 E0334641EDB594D8111D69.tcerj91?cur=2> Acesso em: 24 abr. 2017.

DIDIER JR., Fredie. **Curso de direito processual civil.** 19.ed. rev. ampl. e atual. Salvador: Editora Juspodivm, 2017.

DWORKIN, Ronald. **Levando os direitos a sério**. Trad. Nelson Boeira. São Paulo: Martins Fontes, 2002.

______. **Uma questão de princípio.** Trad. Luís Carlos Borges. São Paulo: Martins Fontes, 2000.

FAZZO JÚNIOR, Waldo; PAZZAGLINI FILHO, Marino; ROSA, Márcio Fernando Elias;. **Improbidade Administrativa:** aspectos Jurídicos da defesa do patrimônio Público. São Paulo: Atlas, 1999.

FERNANDES, Bernardo Gonçalves. **Curso de direito constitucional.** 7.ed. rev. ampl. e atual. Salvador: Editora Juspodivm, 2015.

FERREIRA, Marcelo Ramos Peregrino; MEZZAROBA, Orides. Conceitos Jurídicos Indeterminados no Direito Eleitoral: um olhar a partir da necessidade de fundamentação nas decisões judiciais prevista no Código de Processo Civil. *In*: AGRA, Walber de Moura; PEREIRA, Luiz Fernando; TAVARES, Andre Ramos (Orgs.). **O Direito Eleitoral e o Novo Código de Processo Civil.** 1.ed. Belo Horizonte: Editora Forum, 2016, v. 1, p. 381-397.

FERREIRA FILHO, Manoel Gonçalves. **Curso de direito constitucional.** 31. ed. São Paulo: Saraiva, 2005.

FURTADO, José de Ribamar Caldas. Os regimes de contas públicas: contas de governo e contas de gestão. **Revista do Tribunal de Contas da União**. Brasília: TCU, a.35, n.109, mai./ago. 2007. p.61-89. Disponível em: <http://portal.tcu.gov.br/publicacoes-institucionais/periodicos-e-series/revista-do-tcu/> Acesso em 02 mai. 2017.

GADAMER, Hans-Georg. **Verdade e método.** Trad. Flávio Paulo Meurer. Rev. Ênio Paulo Giachini. 10.ed. Petrópolis: Vozes, 2008.

GOMES, José Jairo. **Direito eleitoral.** 7.ed. rev. atual. e ampl. São Paulo: Atlas, 2011.

GRAU, Eros Roberto. **Ensaio e discurso sobre a interpretação/aplicação do direito.** 4.ed. São Paulo: Malheiros Editores, 2006.

JUSTEN FILHO, Marçal. **Curso de Direito Administrativo**. 5.ed. São Paulo: Saraiva, 2010.

KAHN, Andrea Patrícia Toledo Távora Niess; NIESS, Pedro Henrique Távora; SOUZA, Luciana Toledo Távora Niess de. **Direito eleitoral.** São Paulo: Edipro, 2016.

MACHADO, Raquel Cavalcanti Ramos. **Direito eleitoral.** São Paulo: Atlas, 2016.

MACIEIRA, Leonardo dos Santos. Auditor Constitucional dos Tribunais de Contas: natureza e atribuições. **Revista do Tribunal de Contas da União**. Brasília: TCU, a.41, n.116, set./dez. 2009. p.51-59. Disponível em: <http://portal.tcu.gov.br/publicacoes-institucionais/periodicos-e-series/revista-do-tcu/> Acesso em 22 abr. 2017.

MAIA, Clarissa Fonseca. **O ativismo judicial no âmbito da Justiça Eleitoral.** 2010. Dissertação (Mestrado em Direito) – Universidade de Fortaleza, Fortaleza.

MARINELA, Fernanda. **Direito administrativo.** 7.ed. rev. ampl. ref. e atual. Niterói: Impetus. 2013.

MELLO, Celso Antônio Bandeira de. **Curso de direito administrativo**. 30.ed. rev. e atual. São Paulo: Malheiros Editores, 2013.

MILEKI, Hélio Saul. **Controle da gestão pública.** São Paulo: Editora Revista dos Tribunais, 2003.

MONTESQUIEU. **Do espírito das leis.** São Paulo: Nova Cultural, 1997.

PAIM, Gustavo Bohrer. Direito processual eleitoral e a parte geral do Novo CPC. *In*: AGRA, Walber de Moura; PEREIRA, Luiz Fernando; TAVARES, Andre Ramos (Orgs.). **O Direito Eleitoral e o Novo Código de Processo Civil.** 1.ed. Belo Horizonte: Editora Forum, 2016, v. 1, p. 41-66.

PETERSEN, Elke Braid; PINTO, Djalma. **Comentários à Lei da Ficha Limpa.** São Paulo: Atlas, 2014.

PINTO, Djalma. **Direito eleitoral:** improbidade administrativa e reponsabilidade fiscal. 5.ed. rev. e atual. São Paulo: Atlas, 2010.

RAMAYANA, Marcos. **Direito eleitoral.** 12.ed. rev. ampl. e atual. Niterói: Impetus, 2011.

SALES, José Edvaldo Pereira. Conceito jurídicos indeterminados no Direito Eleitoral: em busca de referenciais (compromissos) hermenêuticos. **Revista Brasileira de Direito Eleitoral – RBDE.** Belo Horizonte: Editora Forum, a.4, n.6, jan./jun. 2012, p.91-115.

SCHMITZ, Leonard Ziesemer. **Fundamentação das decisões judiciais:** a crise na construção de respostas no processo civil. São Paulo: Editora Revista dos Tribunais, 2015.

SILVA, José Afonso da. **Aplicabilidade das normas constitucionais.** 3.ed. rev. apml. e atual. São Paulo: Malheiros Editores, 1998.

______. **Curso de direito constitucional positivo.** 38.ed. rev. e atual. São Paulo: Malheiros Editores, 2015.

SOARES, Ricardo Mauricio Freire. **Hermenêutica e interpretação jurídica.** São Paulo: Saraiva, 2010.

SOUZA NETO, Claudio Pereira de. O novo CPC e a fundamentação das decisões judicias. *In*: COÊLHO, Marcus Vinicius Furtado; FERREIRA, Antonio Oneildo; LAMACHIA, Claudio Pacheco Prates; RIBEIRO, Cláudio Stábile; SOUZA NETO, Cláudio Pereira de (Orgs.). **As conquistas da advocacia no novo CPC.** Brasília: Conselho Federal da OAB, 2015. p.63-72.

STRECK, Lenio Luiz. **Hermenêutica jurídica e(m) crise:** uma exploração hermenêutica da construção do direito.11.ed. rev. atual. e ampl. Porto Alegre: Livraria do Advogado Editora, 2014.

______. **O que é isto:** decido conforme minha consciência? 2.ed. rev. e ampl. Porto Alegre: Livraria do Advogado, 2010.

______. Interpretar e concretizar: em busca da superação da discricionariedade do positivismo jurídico. *In*: LUCAS, Douglas Cesar; SPAREMBERGER, Raquel Fabiana Lopes (Orgs.). **Olhares hermenêuticos sobre o direito:** em busca de sentido para os caminhos do jurista. Juí: Editora Unijuí, 2006.

______. **Verdade e consenso:** Constituição, hermenêutica e teorias discursivas da possibilidade à necessidade de respostas corretas em direito; 3.ed. rev. e ampl. Rio de Janeiro: Lumen Juris, 2009.